Cuando se canta
de corazón

Cuando se canta de corazón

Jack W. Hayford
Editor general

GRUPO NELSON
Una división de Thomas Nelson Publishers
Desde 1798

NASHVILLE DALLAS MÉXICO DF. RÍO DE JANEIRO

Traducción: *Miguel A. Mesías*

ISBN: 978-0-89922-521-0

Impreso en Estados Unidos de América

CONTENIDO

Acerca del Editor General/Acerca del autor 4

El regalo que se da continuamente 5

Lección 1:   Un canto de sabiduría 10

Lección 2:   Un canto de creación 24

Lección 3:   Un canto de gozo 38

Lección 4:   Un canto de tristeza 52

Lección 5:   Un canto de confianza 65

Lección 6:   Un canto de temor 78

Lección 7:   Un canto de protección 89

Lección 8:   Un canto de acción de gracias 102

Lección 9:   Un canto de la Palabra de Dios 115

Lección 10:   Un canto del Mesías 124

Lección 11:   Un canto de arrepentimiento 138

Lección 12:   Un canto de salvación 148

Lección 13:   Un canto de testimonio 160

Cuando se canta de corazón: Descubra la adoración que regocija y restaura (Un estudio de Salmos) forma parte de una serie de guías de estudio que se caracterizan por cubrir de manera atractiva y esclarecedora un libro de la Biblia y temas del poder, enfocados a provocar la dinámica, la vida llena del Espíritu Santo.

Acerca del Editor General

JACK W. HAYFORD, destacado pastor, maestro, escritor y compositor, es el Editor General de toda la serie, trabajando junto a la editorial en la planificación y desarrollo de cada uno de los libros.

El Dr. Hayford es pastor principal de *The Church On The Way*, la Primera Iglesia Cuadrangular de Van Nuys, California. Él y su esposa, Anna, tienen cuatro hijos casados, activos en el ministerio pastoral o en una vital vida de iglesia. Como Editor General de la *Biblia Plenitud*, el pastor Hayford dirigió un proyecto de cuatro años que ha dado como resultado la disponibilidad de una de las Biblias más prácticas y populares en la actualidad. Es autor de más de veinte libros, entre ellos: *Anhelo de plenitud, La belleza del lenguaje espiritual, La clave de toda bendición, La oración invade lo imposible*. Sus composiciones musicales abarcan más de cuatrocientas canciones, entre las que se incluye el muy difundido himno «Majestad».

Acerca del autor

JOSEPH SNIDER ha trabajado en el ministerio cristiano durante veintidós años. Además de ser escritor y conferenciante por cuenta propia, trabajó tres años con *Young Life* [Vida joven], sirvió siete años en la facultad de *Christian Education* [Educación Cristiana] en la Universidad de Fort Wayne, y pastoreó iglesias en Indianápolis y Fort Wayne, Indiana. En la actualidad, enseña a tiempo parcial en la Universidad Franklin, en Franklin, Indiana. Sus escritos incluyen material para Thomas Nelson Publishers, Moody Magazine, Union Gospel Press y David C. Cook.

Casado con Sally Snider, tiene dos hijos: Jenny de veintiún años y Ted de dieciocho. Viven en Indianápolis, Indiana. Joseph obtuvo un bachillerato en artes en la Universidad de Cedarville, Cedarville, Ohio, y una maestría en teología en el Seminario Teológico de Dallas.

Respecto a su contribución, el Editor General ha comentado: «La fuerza y estabilidad de Joseph Snider como hombre lleno de gracia y piadoso brota en sus escritos. Su manera perceptiva y práctica de señalar el camino a la verdad inspira a los que estudian la Palabra de Dios».

EL REGALO QUE SE DA CONTINUAMENTE

¿A quién no le gusta recibir regalos? Tanto si vienen envueltos en papeles de colores y preciosas cintas, como en bolsas de papel de estraza atados con un gastado cordón de zapatos. A niños y adultos de todas las edades les encanta recibir y abrir regalos.

Pero aun en ese momento de sorpresa y placer puede verse empañado por el miedo y el temor. Es suficiente que aparezcan las siguientes palabras: «Para armar. Se incluyen las instrucciones». ¡Cómo odiamos esas palabras! Se mofan de nosotros, nos fastidian, nos incitan a que intentemos desafiarlas, sabiendo que en todo momento llevan la voz cantante. Si no entendemos las instrucciones, o si las pasamos por alto y tratamos de armar el obsequio por nuestra cuenta, lo más probable es que sólo nos llenemos de frustración y enojo. Lo que comenzamos sintiendo en cuanto a nuestro extraordinario regalo, alegría, expectativa y asombro, se desvanecerá. Nunca recuperaremos esa sensación, al menos no en el estado prístino que tenía antes de que advirtiéramos que *nosotros* teníamos que realizar el montaje de nuestro regalo siguiendo instrucciones que *ningún consumidor* es capaz de entender jamás.

Uno de los regalos más hermosos que Dios nos ha dado es su Palabra, la Biblia. Este es un obsequio sumamente preciado, envuelto en la gloria y el sacrificio de su Hijo, y entregado en nuestras manos por el poder y el ministerio de su Espíritu; la familia de Dios la ha preservado y protegido durante siglos como herencia familiar. Promete ser el don que sigue dándose, porque el Dador que se revela en ella es inagotable en su amor y en su gracia.

Lo trágico es, sin embargo, que cada vez son menos las personas, aun entre aquellos que se cuentan en la familia imperecedera de Dios, que siguen abriendo este obsequio y procurando entender de qué se trata y cómo debe ser usado. A menudo se sienten intimidados por él. Hay que unir las partes, y a veces las instrucciones son difíciles de comprender. Después de todo, ¿cómo se entrelazan las partes de la Biblia? ¿Qué tiene que ver el Génesis con el Apocalipsis? ¿Quiénes son Abraham y Moisés, y qué relación tienen con Jesús y con Pablo? ¿Qué de las obras de la Ley y las obras de la fe? ¿De qué se trata todo esto y, si es que se puede, cómo se ensamblan entre sí?

Además, ¿qué tiene que decirnos este libro de la antigüedad a quienes ya estamos a las puertas del siglo veintiuno? ¿Será de alguna utilidad que usted y yo nos tomemos el tiempo necesario y dediquemos las energías que se requiere para entender las instrucciones y armar el conjunto? ¿Nos ayudará de alguna manera a entender quiénes somos, qué nos depara el futuro, cómo podemos vivir mejor aquí y ahora? ¿Nos ayudará realmente en nuestras relaciones personales, en el matrimonio y la familia, en el trabajo? ¿Acaso podrá ofrecernos algo más que meros consejos acerca de cómo encarar las crisis? ¿Cómo afrontar la muerte de un ser querido, la bancarrota que provoca la pérdida de trabajo? ¿Cómo enfrentar una enfermedad catastrófica, la traición de un amigo, la deshonra de nuestros valores, los abusos que sufre nuestro corazón y nuestra alma? ¿Podrá aquietar nuestros temores, calmar nuestra ansiedad y curar nuestras heridas? ¿Podrá realmente ponernos en contacto con el mismo poder que dio origen al universo, que dividió las aguas del Mar Rojo, que levantó a Jesús de la rigidez de la tumba? ¿Podemos realmente encontrar en sus páginas amor incondicional, perdón total y sanidad genuina?

Por cierto que sí. Sin sombra de duda.

La serie *Guías para explorar la Biblia* está preparada para ayudar al lector a desempacar, armar y disfrutar todo lo que Dios tiene para darle a través de las páginas de las Escrituras. Le hará centrar su tiempo y energía en los libros de la Biblia, en las personas y los lugares que describen, y en los temas y las aplicaciones a la vida que fluyen a raudales de sus páginas, como la miel que mana del panal.

Para que usted pueda aprovechar al máximo la Palabra de Dios, esta serie incluye un conjunto de útiles características. Cada guía de estudio consta de no más de catorce lecciones, cada una de ellas desarrollada de manera que usted pueda sumergirse en las profundidades o echarles una mirada superficial, según sus necesidades e intereses.

Las guías de estudio contienen también seis pasos principales en cada lección, cada uno de ellos señalado con un símbolo y un encabezamiento para facilitar su identificación.

 RIQUEZA LITERARIA

La sección RIQUEZA LITERARIA contiene importantes definiciones de palabras clave.

 ENTRE BASTIDORES

ENTRE BASTIDORES provee información acerca de las creencias y prácticas culturales, las disputas doctrinales, las actividades comerciales y otros aspectos semejantes, que arrojan luz sobre los pasajes bíblicos y sus enseñanzas.

 DE UN VISTAZO

En la sección DE UN VISTAZO se incluyen mapas y gráficos para identificar lugares, y simplificar temas o posturas.

 INFORMACIÓN ADICIONAL

Como esta serie enfoca un libro de la Biblia en particular, el lector encontrará una sección de INFORMACIÓN ADICIONAL que lo orientará hacia la consulta de enciclopedias y diccionarios bíblicos, y otros recursos que le permitirán obtener más provecho de la riqueza que ofrece la Biblia, si así lo desea.

 SONDEO A PROFUNDIDAD

Otra sección, SONDEO A PROFUNDIDAD, explicará asuntos controvertidos que plantean determinadas lecciones y se citarán pasajes bíblicos y otras fuentes que le ayudarán a arribar a sus propias conclusiones.

FE VIVA

Finalmente, cada lección contiene una sección llamada FE VIVA. En ella la pregunta clave es: ¿Y ahora qué? Una vez que sé lo que dice la Biblia, ¿qué significa esto para mi vida? ¿Cómo puede influir en mis necesidades cotidianas, problemas, relaciones personales, preocupaciones y todo lo que es importante para mí? FE VIVA lo ayudará a percibir y aplicar las derivaciones prácticas de este regalo literario que Dios nos ha dado.

Como podrá observar, estas guías incluyen espacio para que usted conteste las preguntas, haga los ejercicios correspondientes al estudio y encare la aplicación de lo aprendido a la vida cristiana. Quizás desee anotar todas sus respuestas, o sólo el resultado de lo que ha recibido en forma personal mediante el estudio y su aplicación, en una libreta de notas aparte o en un diario personal. Esto será particularmente adecuado si piensa aprovechar a fondo la sección INFORMACIÓN ADICIONAL. Como los ejercicios de esta sección son opcionales y su extensión puede ser ilimitada, no hemos incluido espacio para ellos en esta guía de estudio. De manera que quizás quiera tener una libreta de notas o un diario a mano para registrar los descubrimientos que realice al abordar las riquezas de esa sección.

El método de estudio bíblico que se utiliza en esta serie gira en torno a cuatro pasos básicos: observación, interpretación, correlación y aplicación. La observación responde a la pregunta: ¿Qué dice el texto? La interpretación se ocupa de: ¿Qué significa el texto?, no lo que significa para usted o para mí, sino su significado para los lectores originales. La correlación pregunta: ¿Qué luz arrojan otros pasajes de la Biblia sobre este? Y la aplicación, la meta del estudio bíblico, se plantea lo siguiente: ¿En qué aspectos debiera cambiar mi vida, como respuesta a lo que el Espíritu Santo me enseña a través de este pasaje?

Si está familiarizado con la lectura de la Biblia, sabe que puede disponer de ella en una variedad de traducciones y paráfrasis. Aunque puede usar cualquiera de ellas con provecho para trabajar con las guías de estudio de la serie *Guías para explorar la Biblia*, los versículos y palabras que se citan en las lecciones han sido tomados de la versión Reina Valera, revisión de 1960. El uso de dicha versión con esta serie hará más fácil su estudio, pero por cierto que no es indispensable. Los únicos recursos que necesita para completar y aplicar estas guías de estudio son una mente y un corazón abiertos al Espíritu Santo, y una actitud de oración, además de una Biblia y un lápiz. Por supuesto, puede recurrir a otras fuentes tales como comentarios, diccionarios, enciclopedias, atlas y concordancias, incluso encontrará en la guía ejercicios opcionales para orientarlo en el uso de dichos recursos. Pero esos son adicionales, no indispensables. Estas guías abarcan lo suficiente como para brindarle todo lo que necesita a fin de obtener una buena comprensión básica del libro de la Biblia de que se trata, como también la orientación necesaria para aplicar los temas y consejos a su propia vida.

Cabe, sin embargo, una palabra de advertencia. El estudio de la Biblia por sí mismo no transformará su vida. No le dará poder, paz, gozo, consuelo, esperanza y toda la variedad de regalos que Dios desea que descubra y disfrute. A través del estudio de la Biblia adquirirá mayor conocimiento y comprensión del Señor, de su Reino y de su propio lugar en ese Reino, y todo esto es esencial. Pero usted necesita algo más. Necesita depender del Espíritu Santo para que oriente su estudio y aplique las verdades bíblicas a su vida. Jesús prometió que el Espíritu Santo nos enseñaría «todas las cosas» (Jn 14.26; cf. 1 Co 2.13). De modo que mientras use esta serie para guiarlo a través de las Escrituras, bañe sus momentos de estudio con oración, pidiendo al Espíritu de Dios que ilumine el texto, que aclare su mente, que someta su voluntad, que consuele su corazón. El Señor nunca le va a fallar.

Mi oración y mi meta es que a medida que abra este regalo de Dios a fin de explorar su Palabra para vivir como Él lo desea, el Espíritu Santo llene cada fibra de su ser con el gozo y el poder que Dios anhela dar a todos sus hijos. Así que siga leyendo. Sea diligente. Manténgase abierto y sumiso a Dios. No saldrá defraudado. ¡Él se lo promete!

Lección 1 / Un canto de sabiduría

¡Cantos!

Los cantos hacen mucho en la vida. Celebran acontecimientos felices, como cumpleaños y bodas. Inspiran a los atletas, a los soldados y a la gente común. Resumen el carácter y las aspiraciones de los pueblos. Relatan historias que mantienen vivos a los héroes y a los villanos. Ayudan a la gente a lamentarse, a danzar. Nos ayudan a adorar.

Los cantos apelan a nuestras emociones más que a nuestros pensamientos. Tal vez es por eso que tantas canciones alaban el romance. La música juvenil está obsesionada con la búsqueda y la pérdida del amor así como con la manera de mantenerlo. Baladas que resuenan con el amor perdido. «Viejas pero buenas» canciones que hacen recordar, a la gente de edad madura, las maravillas del amor juvenil. Cantos que brotan del corazón tanto como lo afectan.

Esto no quiere decir que sean necesariamente irracionales. Hay muchos cantos que cantan de la vida en una manera que abre los ojos del corazón y de la mente, y desafían al cantante. Por ejemplo, las palabras de la conmovedora balada de Peggy Lee: «Is That All There Is?» [¿Es eso todo lo que hay?], cuenta de una vida dedicada a perseguir y experimentar el placer. La pregunta que se repite en el estribillo expone el terrible vacío de este «éxito».

Tales cantos contienen sabiduría popular. Muestran la vida en frases e historias emocionalmente poderosas. Los israelitas del Antiguo Testamento entonaban cantos de sabiduría también, pero inspirados por Dios mismo, cantos de sabiduría *divina*.

Vamos a empezar nuestro estudio de Salmos con algunos cánticos de sabiduría, veremos cómo estos traen una sapiencia espiritual que conduce a Dios. Fue David quien observó: «Dice el necio en su corazón: No hay Dios» (Sal 14.1). Los salmos de sabiduría exclaman abiertamente: «No hay vida ni manera de vivir efectivamente sin Dios». Demos un vistazo.

RIQUEZA LITERARIA

Sabiduría: En el Antiguo Testamento había una categoría de literatura que se conocía como «Sabiduría». La literatura sapiencial de Israel tenía que ver con la habilidad de los asuntos personales, familiares, sociales, de negocios y políticos. Las naciones vecinas de Israel también tenían su literatura sapiencial, pero tenía que ver con la astucia y el éxito. La sabiduría de Israel estaba centrada en Dios. La literatura sapiencial en el Antiguo Testamento incluía Job, Proverbios, Eclesiastés y Cantar de los cantares. Podrá ver que Salomón fue el escritor a quien Dios inspiró para que escribiera más acerca de la sabiduría, pero no fue el único. Su padre David escribió en los salmos respecto a ella. Uno de los cantos sapienciales, el Salmo 90, fue escrito por Moisés varios siglos antes de David y Salomón. Este es apenas un ejemplo del hecho de que esta colección hizo acopio de muchos escritores inspirados a través de muchos años.

Los salmos sapienciales tienen el propósito de darle una perspectiva de Dios y de su pueblo, para que pueda tener discernimiento y tomar las alternativas correctas. «Pero el hombre natural no percibe las cosas que son del Espíritu de Dios, porque para él son locura[...] En cambio el espiritual juzga todas las cosas» (1 Co 2.14,15).

ENTRE BASTIDORES

El libro de los Salmos es una colección de cinco grupos más pequeños de salmos (Salmos 1—41, 42—72, 73—89, 90—106, 107—150). Estos grupos surgieron para el uso en la adoración congregacional y privada, así como para la preservación de la poesía de los líderes de adoración en Israel. Los salmos más antiguos datan del tiempo del Moisés, y los últimos fueron escritos después de que los judíos regresaron del cautiverio en Babilonia. Algún tiempo después, el Señor impulsó a algún desconocido a compilar estos cinco grupos para la edificación de su pueblo. Entre los salmos cuyos autores se indican, setenta y tres pertenecen a David. Gran variedad de autores escribieron salmos bajo la inspiración del Espíritu Santo. Vea los que están en cada uno de los siguientes grupos de salmos, y anote los nombres de los autores en los espacios provistos.

Salmos 42; 44—49; 84; 85; 87

Salmos 50; 73—83

Salmos 72; 127

Salmo 88

Salmo 89

Salmo 90

Los salmos sapienciales que está estudiando fueron escritos por David, los hijos de Coré, Asaf, Salomón, Moisés y varios autores anónimos.

SABIDURÍA EN CUANTO A DIOS

Este es el mundo de Dios, donde queremos vivir con destreza, de modo que es razonable empezar considerando lo que los salmos sapienciales dicen en cuanto a Dios.

Salmo 47
Haga una lista de los diferentes nombres que se aplican a Dios en este salmo.

¿Qué dicen los hijos de Coré que Dios hace?

¿Cómo debe el pueblo de Dios responder a sus acciones?

Salmo 50

Asaf coloca este canto en el escenario de una corte. ¿Qué actividad judicial ejecuta Dios en este salmo? (vv. 6,7)

¿A qué llama Dios como jurado para celebrar el juicio? (vv. 1,4)

¿Cuál grupo está siendo juzgado, según el versículo 5?

¿Cuál es la acusación que se presenta contra ellos? (vv. 5-13)

¿Qué respuesta quiere Dios de este grupo? (vv. 14,15)

¿Qué grupo se juzga en el versículo 16?

¿Cuál es la acusación contra ellos? (vv. 16,20)

¿Cuál es la conclusión errónea a que llegan los impíos respecto a Dios? (v. 21)

¿Cuáles juicios caerán sobre los culpables? (vv. 2,3,22)

¿Quién será declarado inocente? (vv. 14,15,23)

 ENTRE BASTIDORES

Los salmos usan expresiones poéticas únicas en la Biblia. El nombre común para designar a Jerusalén en los Salmos es *Sion*, nombre que retrocede a los días de la conquista, por parte de David, de la ciudad jebusea en una colina llamada Sion (2 S 5.6-9). El nombre *Sion* se usa en los Salmos para denotar a Jerusalén como la ciudad de Dios, y simboliza la actividad divina en el mundo.

Salmo 90

¿Cómo se relaciona Dios al flujo del tiempo? (vv. 2,4)

¿Cómo se relaciona la humanidad con el tiempo, en comparación con la relación de Dios al tiempo? (vv. 1,5,6)

¿Qué piensa usted que Moisés quería decir con «contar nuestros días»? (v. 12)

¿Cómo es que el hecho de contar nuestros días nos puede dar un corazón sabio?

¿Cómo el contar nuestros días afectará nuestra actitud hacia el pecado? (vv. 7-11)

¿Cómo el contar nuestros días nos conducirá a la alegría y al gozo? (vv. 13-17)

¿Qué piensa usted que Moisés quiso decir con las palabras: «Señor, tú nos has sido refugio de generación en generación»? (v. 1)

 ### FE VIVA

¿Qué hay en los Salmos 47, 50 y 90 respecto a Dios que le hará querer «batir sus manos», «aclamar a Dios con voz de júbilo», y «alabar a Jehová con todo [su] corazón»? (Sal 47.1; 111.1)

Si el Señor no regresa pronto y le concede setenta o incluso ochenta años de vida (Sal 90.10), ¿qué quisiera verle hacer en estas áreas:

Su carácter

Su familia

Su iglesia

SABIDURÍA RESPECTO AL BIEN Y AL MAL

La mayoría de los salmos sapienciales contrastan al justo con el impío en carácter y destino, a fin de mostrar la superioridad de la justicia como una manera de vivir.

Salmo 1

En los verbos «anduvo», «estuvo» y «sentado» del primer versículo hay una progresión de participación en el mal. Parafrasee cada una de estas expresiones:

«anduvo en consejo de malos»

«estuvo en camino de pecadores»

«en silla de escarnecedores se ha sentado»

¿En qué maneras la asociación con los malos se opone al hecho de deleitarse en la Palabra de Dios? (vv. 1,2).

Explique la metáfora del árbol plantado junto a corrientes de aguas que se usa para describir al justo (v. 3)

Explique la metáfora del tamo que arrebata el viento y que se usa para describir al injusto o malo (v. 4)

Salmo 14

El necio que dice en su corazón «*No hay* Dios» (v. 1) no está sólo negando filosóficamente la existencia de Dios. Tal vez lo haga por la manera en que vive. ¿Cuáles conductas, registradas en el Salmo 14, son formas necias de actuar como si Dios no existiera?

¿Cómo dice David que se beneficia el justo de su confianza en la existencia de Dios? (vv. 5-7)

Salmo 15

El Salmo 15 no trata de lo que Dios espera que la gente haga para ser salva de sus pecados. Trata del disfrute de una comunión estrecha con Dios.

En tiempos del Antiguo Testamento se requerían altas normas de santidad personal de parte de aquel que quería permanecer en la presencia del Señor, la cual estaba representada por el arca de Dios en el tabernáculo (1 Cr 15.1). En la iglesia, sólo las personas con altas normas de santidad personal disfrutan de intimidad con Dios. El Salmo 15 es un hito en el camino por el cual el Espíritu Santo anhela conducir a cada persona que cree en Jesús.

Separe las conductas justas, mencionadas en el Salmo 15, haciendo una lista de las cosas que se deben hacer y las que no se deben hacer.

Positivas   Negativas

 RIQUEZA LITERARIA

El temor del Señor (Sal 15.4) no es el terror de Dios que hace que una persona lo evite con la expectación de un rayo salido de la nada. Al mismo tiempo, el temor del Señor es más que respeto o reverencia hacia Él. Dios es todopoderoso. Su poder podría aplastar al ser humano como a un insecto. Él es perfectamente justo y santo. Puede llenarse tanto de ira como de poderoso furor contra el pecado.

Quienes vieron la manifestación de Dios en la Biblia, cayeron igualmente postrados ante Él hasta que les dijo: «No temas» (Éx 3.3-6; Lc 5.8-10; Ap 1.17). Reconozca el asombroso poder y santidad de su compasivo Padre celestial. Observe que nuestra misma existencia depende de su misericordia y amor. Regocíjese de que todavía le dice: «No temas»; y nos invita a venir ante Él con audacia.

Trate de categorizar estas conductas justas de otra manera. Rotule el contenido de cada versículo. Ya hemos hecho el versículo 3, como ejemplo.

v. 2

v. 3   hablar cosas justas

v. 4

v. 5

Salmo 37

ENTRE BASTIDORES

El Salmo 37 es uno de varios salmos acrósticos (Sal 9 y 10 juntos; 25; 34; 37; 111; 112; 119; 145). En hebreo cada versículo empieza con la próxima letra del alfabeto. El alfabeto hebreo tiene veintidós letras, así que estos salmos deberían tener veintidós versículos. En el Salmo 37 cada dos versos se empieza alfabéticamente, pero no hay cuarenta y cuatro versículos porque algunos de los versos en español son tan largos que rompen el patrón.

El Salmo 119 es el acróstico más notorio. Cada uno de los primeros ocho versículos empieza con la primera letra del alfabeto hebreo. Cada uno de los ocho versículos siguientes empieza con la segunda letra del alfabeto hebreo, y así sucesivamente hasta la letra veintidós y el versículo ciento setenta y seis. (Este método fue una excelente ayuda para memorizar estos cantos.)

Los salmos alfabéticos o acrósticos tienden a ser salmos de sabiduría. Incluso su estructura enseña el orden de la vida vivida en el mundo de Dios de acuerdo a los caminos de Él.

Lea todo el Salmo 37 y compile las razones para no envidiar la prosperidad de los malos.

Lea todo el salmo y anote los beneficios de confiar y deleitarse en el Señor.

Lea todo el salmo de nuevo y describa al justo.

Salmo 94

El salmista quería que el Señor castigara al orgulloso y al malo (vv. 1,2).

Haga un resumen del lamento del salmista en los versículos 3 al 7.

¿Por qué estaba seguro el salmista que el Señor conocía perfectamente las obras del malo? (vv. 8-11)

¿Cómo preserva el Señor al bueno y castiga al que hace lo malo? (vv. 12-23)

Salmo 112

En este salmo el Espíritu Santo llama a los hijos de Dios a alabar al Señor por sus maravillosas bendiciones sobre ellos.

¿A quién bendice Dios? (v. 1)

¿Cuáles bendiciones dice el salmista que vienen de Dios? (vv. 2-4)

Describa a la persona bienaventurada (vv. 5-9).

¿Cómo se siente el malo respecto a la prosperidad del justo? (v. 10)

 FE VIVA

¿Cómo puede usted mejorar su meditación en la Palabra de Dios y su deleite en ella? (Sal 1.2)

¿Cómo puede mejorar su confianza y reposo en el Señor? (Sal 37.3,5,7)

¿Qué aspectos de la vida y sociedad modernas hacen que sienta, algunas veces, como que el malo está aprovechándose sin oposición de parte de Dios? (Sal 94.3-7)

Escriba una oración de confianza en el Señor basada en los Salmos 94 y 112, acerca de las cuestiones que respondió en la pregunta anterior. Dedique algún tiempo y pídale al Espíritu Santo que le dé real discernimiento y visión de cómo nuestro Padre celestial mira a la maldad en nuestro mundo.

SABIDURÍA EN CUANTO A LA FAMILIA

Dos de los salmos sapienciales hablan respecto a la familia. Están entre los cantos graduales que los peregrinos que se dirigían a Jerusalén entonaban mientras ascendían por las colinas hacia la ciudad. Es interesante notar que el Señor quería que su pueblo reflexionara en sus propias familias conforme se acercaban a la casa de Él.

Salmo 127

¿Cuáles son algunas maneras vanas en que la gente trata de edificar sus familias y comunidades a la vez que ignoran a Dios? ¿Cómo acaban agotadas y frustradas? (vv. 1-2)

¿Cómo describe Salomón a los hijos en una familia? (vv. 3-5)

¿Cómo vindican los hijos piadosos a sus padres en presencia de los enemigos de estos? (v. 5).

Salmo 128

La bendición de Dios se extiende a la familia del padre que teme a Dios y anda en sus caminos (vv. 1-6).

Cuando usted vive en armonía con el Espíritu de Dios y en sus caminos, ¿cómo afecta esto su relación en su trabajo? (v. 2)

Cuando usted vive en armonía con el Espíritu de Dios y sus caminos, ¿cómo afecta esto a su familia? (vv. 3,4)

Cuando usted vive en armonía con el Espíritu de Dios y sus caminos, ¿cómo afecta esto la calidad de sus años avanzados? (vv. 5,6).

Lección 2 / Un canto de creación

En Génesis Dios habló y creó al mundo y el universo, mas a los poetas de la Biblia les encantaba cantar acerca de las acciones creadoras de Dios y respecto a la obra de sus manos. Reflexionar en Dios como Creador nos ayuda como adoradores a reverenciar su gran poder, y a maravillarnos agradecidos de que se vuelva de la inmensidad del cosmos para cuidar de lo que nos ocurre como individuos hoy en los detalles relativamente pequeños de nuestras vidas personales.

REGOCÍJESE EN EL MUNDO DE DIOS

Salmo 104

 ## DE UN VISTAZO

Dios realizó sus actos creadores porque la tierra estaba «desordenada y vacía» (Gn 1.2). Los primeros tres días de la creación se dedicaron a la falta de forma en el mundo, y los segundos a su vacío. La obra de Dios en los días uno, dos y tres, consistió en crear tres «formas», mientras que en los días cuatro, cinco y seis consistió en llenar esas formas con significado.

FORMA	CONTENIDO
Primer día: luz	Cuarto día: sol luna y estrellas
Segundo día: mar y cielo	Quinto día: peces y aves
Tercer día: tierra y cielo	Sexto día: animales y personas

La creación divina está balanceada artísticamente. No es asombroso que los poetas en la Biblia quisieran cantar de ella. El Salmo 104 enfoca los primeros tres días, la creación de las tres formas, y entreteje los detalles de la multiplicación de las formas aquí y allá.

DÍA	GÉNESIS 1	SALMO 104
1	vv. 2-5	v. 2
2	vv. 6-8	vv. 3-6
3	vv. 9-13	vv. 7-18
4	vv. 14-19	vv. 19-23
5	vv. 20-23	vv. 12,17,25,26
6	vv. 24-31	vv. 11,14,15,18,20-23

En los versículos 1 al 4, el salmista describió los cielos como el vestido y la morada de Dios. Exprese, en sus propias palabras, la imaginación del poeta.

En el versículo 6, el salmista dice que la temprana tierra fue vestida. ¿Con qué se la vistió?

¿Cómo controla el Señor las aguas? ¿Qué ordena que las aguas hagan? (vv. 5-13)

¿Con qué propósitos creó el Señor las plantas y los árboles? (vv. 14-18)

¿A qué funciones sirven en la creación de Dios la luna y el sol? (vv. 19-23)

¿Qué enseñan los versículos 24-30 acerca de que Dios sustenta su creación?

¿Qué respuestas debe producir en sus hijos la gloria de Dios mostrada en la creación? (vv. 31-35)

Salmo 33.1-9

¿Qué características del dador constituyen alabanza hermosa y agradable al Señor? (vv. 1-5)

¿En qué maneras debe ser la alabanza a Dios cuidadosamente creada como la creación divina del mundo? (vv. 2-4,6,7)

¿Por qué medios creó Dios al mundo? (v. 6). Tenga presente que el hebreo, como muchos otros lenguajes, usa la misma palabra para «aliento» y «espíritu».

ENTRE BASTIDORES

Nótese la referencia al mar en el versículo 7. El pueblo hebreo, que vivía en las montañas, estaba fascinado por el océano. En el resto de los salmos de esta lección observe el énfasis en los mares como símbolo del control de Dios sobre la parte más turbulenta de su creación.

¿Cuál es la base para el temor y el asombro a que se hace referencia en el versículo 8?

FE VIVA

El Salmo 104.34 invita a meditar sobre la actividad creadora de Dios. Lea Génesis 1 y los Salmos 33 y 104. Pase tiempo a solas con Dios indagando sus maravillosas obras en alabanza a Él. Escuche lo que le dice como su Creador. Escriba sus conclusiones después de meditar en la creación.

EL MUNDO DE DIOS SE REGOCIJA EN ÉL

Los poetas hebreos reconocieron que los cielos y la tierra obedecen al Señor sin cuestionamiento. De todas las criaturas de Dios sólo el hombre se rebela contra su Hacedor. Podemos aprender obediencia al observar las obras de la naturaleza.

Salmo 29

¿Qué deben tributar los «poderosos» (v. 1) al Señor? (vv. 1,2) (Los «poderosos» son tal vez hombres fuertes o los ángeles del cielo, quizás ambos.)

Subraye, en su Biblia, todas las veces que se usa, en este salmo, la frase «la voz de Jehová». Haga una lista de los versículos en los cuales se halla esta expresión.

¿A qué fenómeno natural llama David «voz de Jehová» en los versículos 3 y 4? ¿Dónde ocurre, y cómo realza este escenario la majestad de Dios?

¿Qué desastres de la naturaleza pudieran describirse en los versículos 5-7? Líbano y Sirión (más conocido por Hermón) son cordilleras montañosas de más de tres mil metros de altura, al norte de Israel.

¿Qué revela en cuanto a Dios su control de estas exhibiciones de la naturaleza?

Los acontecimientos a que se alude en los versículos 5-7 también afectan al desierto (vv. 8,9). ¿Qué es lo que causan?

¿Qué se muestra de la gloria de Dios (v. 9) en la voz del Señor en el mar, en las montañas y en el desierto?

¿Cómo puede el conocimiento de que el Señor reina para siempre, así como regía sobre el gran diluvio en días de Noé, darle un sentido de fortaleza y paz? (vv. 10-11)

Salmo 65

Este es un salmo de agradecimiento compuesto por David para los adoradores congregados en Jerusalén (Sion), a fin de cumplir sus votos (v. 1). En él David respalda sus aseveraciones acerca de la alabanza debida a Dios (vv. 1-3) describiendo su poderoso control de toda la creación (vv. 5-8). Luego la afirmación de David acerca de la bendición de los salvos (v. 4) es ilustrada por el abundante control de Dios sobre la lluvia y la cosecha (vv. 9-13).

En los versículos 1-3, ¿qué acciones de Dios demuestran que su pueblo le debe alabanza?

Mientras los versículos 1-3 brindan motivos íntimos para amar a Dios, los versículos 5-7 dan razones generales para asombrarse ante Él. La alabanza es inspirada por el amor y el asombro. ¿Cuáles son las bases del asombro en los versículos 5-7?

En el versículo 7, David usó a los mares inquietos como una metáfora para el conflicto de las masas populares que no conocen a Dios. Regrese al Salmo 93.3,4. ¿Qué dirían estos versículos acerca de Dios si el mar representa a los pueblos rebeldes?

¿Cuáles son las bendiciones de estar en la presencia del Señor? (v. 4)

¿Cuáles son las bendiciones de vivir obedientemente en la creación del Señor? (vv. 9-13)

¿Cuáles expresiones de los versículos 9-13 sugieren la gentileza de Dios en su bendición, en contraste con su fuerza bruta para controlar los mares?

¿Cuáles expresiones de los versículos 9-13 sugieren el gozo de la tierra cultivada en contraste con la furia del mar?

LAS PERSONAS COMO CREACIÓN DE DIOS

Los salmistas estaban seguros del control absoluto del Señor sobre su creación cuando cantaban de los cielos, la tierra, el mar, y las aves, peces y demás animales. Cuando los poetas cantaban sobre la gente, el ápice de la obra creadora de Dios, sonaba una nota discordante. El pecado ha mancillado la belleza del universo perfecto de Dios. El hombre rebelde, diseñado para ser rey de todo lo demás que Dios ha hecho, es un enigma. Dependiendo de cómo los seres humanos se relacionan con Dios, son la gloria o vergüenza de todo lo que Él ha hecho.

Salmo 24

Hay tres partes en este salmo. En los versículos 1 y 2 David describe brevemente la autoridad del Señor sobre su creación en un lenguaje muy parecido al que se ha usado en los salmos en la sección previa de este estudio. En los versículos 3-6 da detalles que nos recuerdan el Salmo 15, el carácter de la gente que se ha preparado para estar en presencia de Dios. Finalmente, en los versículos 7-10 describe la entrada triunfal del Señor en medio de su pueblo preparado.

Resuma el versículo 1 en una frase no poética.

¿Por qué el mar figura con tanta prominencia en esta declaración acerca de la creación de Dios? Véanse Génesis 1.2, 6-10 y Salmo 104.5-9 para formar la respuesta.

 ENTRE BASTIDORES

En el versículo 3 «el monte de Jehová» era Sion, y «su lugar santo» era la tienda o carpa en donde David había colocado el arca del pacto (1 Cr 15.1). El tabernáculo estaba todavía en Gabaón (1 Cr 16.39-40). Allí el sumo sacerdote ofreció los sacrificios hasta que Salomón construyó el templo.

Acercarse al Dios Creador requiere cierto carácter. En el Salmo 24.4 ¿qué partes de la persona, se indica o se implica (con el verbo «jurado»), necesitan ser santas?

¿Cuáles aspectos del carácter de una persona son representados por estas partes?

El versículo 5 aclara que estos logros del carácter no ganan la salvación, sino que son característicos del que ya conoce «al Dios de su salvación». ¿Qué recibirá el que puede «subir al monte de Jehová» y «estar en su Lugar Santo»? (v. 5)

David veía a la nación preparada para acercarse al Dios Creador. Luego, en visión, vio al Señor entrando por las puertas de la ciudad de Jerusalén, hechas eternas por la presencia del «Rey de gloria» (Sal 24.7-10). Observe los primeros seis versículos de este salmo y halle al menos dos fuentes de la gloria de este Rey de gloria. ¿Cuáles son estas fuentes?

¿Qué efecto es creado por el artificio poético de repetir el llamado del heraldo a que las puertas alcen sus cabezas? ¿Con qué clase de voz se emitiría este llamado?

RIQUEZA LITERARIA

«Jehová de los ejércitos» es un título dado a Dios como el Comandante de los ejércitos angélicos del cielo. Él no puede ser derrotado en batalla. Cuando intercede por sus hijos, no sólo la victoria de ellos es cierta, sino que su seguridad, en el curso del conflicto, está garantizada. La lógica del Salmo 24 es que cuando el todopoderoso Dios Creador viene a estar en medio de un pueblo rendido y consagrado al control de su Espíritu, entra de manera grandiosa con todos sus ángeles como Señor de todo.

Salmo 8

¿Es la humanidad básicamente buena o mala? Esta es una pregunta capciosa debido a la palabra *básicamente*. Todos heredamos una naturaleza pecaminosa y participamos en la caída de la humanidad. El Salmo 8 nos recuerda que el ser humano, por designio, es muy bueno. Sólo que cada modelo de producción es fatalmente defectuoso y está sujeto a una nueva orden del Diseñador que ha pagado para hacer a cada individuo como si fuera nuevo. Es una pena que la mayoría de las personas se mofen de las «órdenes» de Dios y perezcan innecesariamente.

¿En qué áreas de la creación ha establecido el Señor su excelencia y su gloria? (v. 1)

David afirmó que el Señor es tan poderoso que puede derrotar a sus enemigos con el balbucear de los niños y de los que maman (v. 2). ¿Qué implicaba Jesús respecto a los principales sacerdotes y escribas cuando citó este pasaje en Mateo 21.15,16?

Cuando Dios creó los cielos, ¿a quién asignó para que los gobernara? (Gn 1.16-18)

Cuando Dios completó la creación de la tierra, ¿a quién nombró para que la gobernara? (Gn 1.27-30)

Cuando David comparó a los gobernantes de los cielos con los de la tierra, ¿cómo resultó la evaluación de los seres humanos? (vv. 3,4) (La palabra traducida como «hombre», al principio del versículo 4, es un término poético que significa «el hombre en su frágil existencia humana».)[1]

Según la creación ¿cuál es la posición o status de la humanidad? (v. 5; cf. Gn 1.26,27)

Según la creación, ¿cuáles son las responsabilidades dadas por Dios a la humanidad? (vv. 6-8; cf. Gn 1.28,29)

ENTRE BASTIDORES

Los poetas hebreos que escribieron los salmos no siguieron las mismas reglas que tenemos para la poesía en castellano. Por ejemplo, ellos no rimaban sonidos, rimaban ideas. El principal rasgo poético de los salmos es el *paralelismo*. La primera línea indica una idea, y la segunda dice lo mismo en una manera diferente, o señala una idea opuesta. Gran parte del paralelismo en los salmos es sinónimo, dos o más líneas diciendo esencialmente lo mismo. Por ejemplo:

Bienaventurado el varón
que no anduvo en consejo de malos,
  Ni estuvo en camino de pecadores,
  Ni en silla de escarnecedores se ha sentado.
(Sal 1.1)

Las últimas tres líneas dicen lo mismo en maneras ligeramente diferente.

Otro tipo de paralelismo es el antitético, dos o más líneas que expresan pensamientos en contraste en lugar de compararlos. Por ejemplo:

Porque Jehová conoce el camino de los justos;
Mas la senda de los malos perecerá. (Sal 1.6)

Otro caso de paralelismo es el sintético, las líneas siguientes se fundamentan en la primera, completando el pensamiento. Por ejemplo:

Será como árbol plantado junto a corrientes de aguas,
Que da su fruto en su tiempo. (Sal 1.3)

Algunos versículos de los salmos no encajan en ninguna de estas categorías, pero la mayoría sí. No se sienta frustrado si le parece que los salmos son repetitivos. Eso es intencional, y si usted avanza lentamente y medita en estos poemas, la repetición le dará la misma fuerza emocional a la alabanza o lamentación que inspiró el Espíritu de Dios. Recuerde que el Espíritu Santo inspiró estas expresiones poéticas, ¡cada palabra! De modo que, dése tiempo para meditar en las implicaciones de cada una.

1. Willem A. VanGemeren, «Psalms» [Salmos], *The Expositor's Bible Commentary*, Zondervan Publishing House, Grand Rapids, MI, 1991, 5:112.

Lección 3 / Un canto de gozo

Todos sabemos que la felicidad y el gozo son diferentes, que la felicidad es una respuesta a las circunstancias placenteras mientras que el gozo va más allá de nuestras circunstancias. El gozo insiste en permanecer como algo misterioso porque es una respuesta del espíritu humano al mundo invisible del Espíritu de Dios. Es el alborozo de su espíritu producido por un destello de la majestad y del amor de Dios.

Las montañas, el océano o una flor silvestre, atraviesan de repente su corazón con un aguijonazo de gozo tan dulce que hasta duele, porque, por un instante, quizás cuando menos lo espera, su espíritu percibe la grandeza de Dios. En medio del dolor interminable del cáncer, una paciente semiconsciente sonríe porque ve a Jesús, a través de las débiles barreras del tiempo y del espacio... y disfruta con Él.

Las disciplinas de adoración, sea en las devociones privadas o reuniones públicas, deben ayudar al espíritu a regocijarse en el Padre, el Hijo y el Espíritu Santo. Leer las Escrituras, memorizarlas y meditar en ellas; la oración y las lenguas, así como el canto y la alabanza, llegan a ser ventanas del espíritu a través de las cuales Dios puede mostrarse a sí mismo y darnos gozo.

Los salmistas eran adeptos a los momentos de gozo. Nos instan a unirnos a ellos. ¡Regocíjense en el Señor! ¡Regocíjense en Él para siempre! ¡Canten con gozo!

REGOCÍJESE, DIOS REINA

Los primeros dos salmos que usted estudiará tienen que ver con el reinado soberano de Dios sobre todas las cosas. Cuando el Espíritu del Señor abra los ojos de su espíritu para vislumbrar un destello del control total de Dios sobre todo en su vida, usted conocerá el gozo.

Salmo 48

Los versículos 1-3 del Salmo 48 admiran y alaban a Dios en base a la belleza e impresionante altura de Sion, la ciudad que Él escogió para establecer su nombre. En la mente del salmista, la ciudad de Jerusalén representaba a la totalidad del pueblo del pacto de Dios. El escritor de Hebreos extendió el concepto de Sion para que significara la iglesia gloriosa de Jesucristo (Heb 12.22-24), y el apóstol Juan llamó a la ciudad eterna del reinado futuro de Dios la nueva Jerusalén (Ap 21).

¿En qué manera muestra la grandeza de Dios la geografía de Jerusalén? (Sal 48.1-3)

¿Cómo muestra la grandeza de Dios el ambiente espiritual de la iglesia? (Heb 12.22-24)

El Salmo 48.4-7 nos dice cómo varios reyes que habían planeado atacar a Jerusalén cambiaron de parecer cuando vieron lo inaccesible que era. El espíritu guerrero de los ejércitos quedó destrozado como naves a la deriva. Los enemigos huyeron avergonzados y temerosos. No pudieron tocar ni a la ciudad del Señor ni a su pueblo. El versículo 8 es el testimonio del salmista que había oído acerca de los ejércitos frustrados por el Señor en el pasado, lo cual, en realidad, había visto en su propia vida.

 FE VIVA

Haga memoria de algún relato que haya oído, de la historia de su iglesia o del cristianismo en general, que testifique cómo frustró Dios los intentos de Satanás por destruir su Iglesia.

Describa un incidente, que haya presenciado, en el que Dios frustrara un ataque contra su pueblo por parte de personas malas.

En el Salmo 48.9-14 los hijos de Coré invitan a los adoradores del templo a caminar alrededor de Jerusalén y ver por sí mismos cuán sólida y fuerte era la ciudad. ¿Qué defensas físicas protegían a Jerusalén?

¿Cómo debían los residentes de Jerusalén responder a la protección que les daba el Señor? (vv. 13,14).

 FE VIVA

¿Qué fortalezas espirituales protegen a la Iglesia de Jesucristo?

¿Cómo debemos responder a nuestra protección soberana por parte del Señor?

Salmo 135

El Salmo 135 se divide en cinco secciones. La primera (vv. 1-4) y la quinta (vv. 19-21) empiezan y concluyen el salmo con alabanza al Señor. La segunda (vv. 5-7) y la cuarta (vv. 15-18) contrastan al Señor como Creador de todo con los ídolos como cosas creadas por la gente. La sección central (vv. 8-14) nos dice cómo el Señor salvó y guardó a su pueblo Israel.

¿Qué respuesta al Señor pide el salmista en los versículos 1-4?

¿Cómo debe ser expresada?

¿Qué respuesta pide el salmista en los versículos 19-21?

¿Cuál, a su parecer, es la diferencia entre alabar al Señor y bendecirlo?

Compare sus pensamientos con la sección de RIQUEZA LITERA-RIA que sigue a continuación.

 ## RIQUEZA LITERARIA

Los verbos hebreos para «alabar» y «bendecir» son utilizados, por lo general, con el mismo significado. Ambos enfocan el hecho de testificar con alegría de la grandeza de Dios y de la fidelidad de su intervención en las vidas de su pueblo. Ambos son actos de adoración por parte de quienes han experimentado gozo debido al carácter y fidelidad de Dios. La alabanza y la bendición también tienen en común el hecho de que emplean la expresión física de extender las manos, tanto al alabar por agradecimiento como al confesar las bendiciones.

Cuando la alabanza y la bendición difieren, esa diferencia radica en la audiencia de la adoración. La alabanza tiende a ser un testimonio acerca del Señor dirigido a otras personas. La bendición tiende a ser un testimonio acerca del Señor pero dirigido a Él mismo. El Salmo 135 nos invita a alabar al Señor ante otros y a bendecirle cara a cara.

¿Cuál es la situación del Señor? (v. 5)

¿Cuáles son sus logros? (vv. 6,7)

¿Cuál es la situación de los ídolos? (v. 15)

¿Qué es lo que ellos no pueden hacer? (vv. 16-18)

¿Cómo mostró el Señor su poder al sacar a Israel de Egipto? (vv. 8,9)

¿Cómo mostró el Señor su poder al conducir a Israel a la tierra prometida? (vv. 10-12)

¿Cuáles funciones ejerció el Señor de generación en generación para guiar a Israel? (v. 14)

 ## FE VIVA

¿Cómo ha ejercido el Señor estas dos funciones en su vida cristiana?

¿Por qué es importante que Él las ejerza todo el tiempo?

¡REGOCÍJESE! ¡DIOS NOS SALVA!

El Dios acerca del cual se canta en los Salmos es Libertador. Salva de los enemigos, de la aflicción y de pecados. Los poetas se asombraban de que el Dios Todopoderoso que esparció las estrellas por los cielos, el Señor de los ejércitos que derriba y establece naciones, también sea el Pastor de ovejas incautas y proclives a descarriarse como nosotros.

Salmo 100

¿Cuáles son las maneras que el salmista identifica para adorar al Señor en los versículos 1 y 2 y en el versículo 4?

Versículos 1,2   Versículo 4

Trace una línea desde cada una de las formas de adoración en la primera lista a la más parecida en la segunda. Explique por qué combinó las ideas de la manera en que lo hizo.

¿Cuando tiene oportunidad de adorar a Dios en cada una de estas formas?

¿Qué cosas quería el salmista que sus lectores comprendieran, acerca del Señor, en los versículos 3 y 5?

Versículo 3   Versículo 5

Una vez más, trace una línea desde cada idea, en la lista de la primera columna, a la más parecida en la segunda. Explique por qué lo hizo.

FE VIVA

¿Qué significación tiene cada uno de estos hechos acerca de Dios en su vida?

Salmo 122

Mientras que el Salmo 100 nos muestra a un Salvador amante que pastorea a su pueblo, el Salmo 122 habla de la paz que pertenece a toda persona redimida. Este es otro salmo que se regocija en el cuidado de Dios por Jerusalén como centro de la adoración israelita. Este salmo tiene significado profético para el futuro de Israel y significado espiritual para la iglesia de Jesucristo como el punto central de nuestra adoración a Él.

 ENTRE BASTIDORES

Se esperaba que los israelitas realizaran tres peregrinajes a Jerusalén cada año. La Pascua tenía lugar en la primavera, la Fiesta de las primicias (o Pentecostés) a principios del verano, y la Fiesta de los Tabernáculos en el otoño. Estos festivales eran tiempos de sacrificio, cumplimiento de votos, festejos y adoración.

Los festivales no eran como cultos en la iglesia. Ocurrían día tras día, y la gente iba y venía. La adoración era una actividad familiar o individual, no un acontecimiento general. Muchos sacerdotes actuaban a la vez, ayudando a una persona o a una familia. No había líderes congregacionales.

Los peregrinos que llegaban a Jerusalén se hospedaban en mesones o casas privadas. Además de las actividades de adoración participaban en el turismo. Ver los paisajes de Jerusalén era importante para los peregrinos; veían la bendición de Dios sobre Jerusalén como su bendición sobre Israel.

El Salmo 122 empieza desde el punto de vista de un peregrino que acaba de llegar a Jerusalén. Está emocionado por estar dentro de la muralla de la ciudad, y su emoción crece aún más cuando otros lo invitan a ir con ellos a «la casa de Jehová» (v. 1).

¿Qué admiraba de Jerusalén el peregrino que habla en los versículos 3-5? («El testimonio dado a Israel» es una referencia a la Ley de Moisés, la cual era la base del gobierno con sede en Jerusalén.)

¿Qué cosas pedía el peregrino a Dios en su oración por Jerusalén? (vv. 6-9)

SONDEO A PROFUNDIDAD

La profecía y el futuro de Israel (Sal 122.6).
Teológicamente hay dos posiciones diferentes en cuanto a lo que puede esperarse del futuro de Israel[...]
Muchos ven una continuidad y un papel distintivo para Israel en los planes divinos hasta el fin de los tiempos. Creen que Romanos 9—11 indica que habrá una restauración de Israel («todo Israel será salvo», Ro 11.26), y que la Iglesia necesita reconocer sus raíces judías (no sustentas tú a la raíz, sino la raíz a ti, Ro 11.18)[...]
Pero otros han visto a la Iglesia reemplazar a Israel en el plan divino, debido a que la mayoría del pueblo judío rehusó aceptar a Jesús como el Mesías. Por tanto, las bendiciones y las promesas, de las cuales Israel era objeto, hoy sólo pueden ser aplicadas a la iglesia.[1]
Por cierto, hay un tercer cuadro: el que ve un propósito de Dios en ambos, el Israel *nacional* (los judíos actuales) y el Israel *espiritual* (la Iglesia).

Salmo 126

El Salmo 126 es uno de los escritos posteriores al cautiverio babilónico de Judá. Fue redactado quinientos años después del tiempo de David. Detrás del gozo de este cántico hay un tono de tristeza, pero ese gozo depende de Dios más que de las circunstancias. El amor hacia Sion que se muestra en el Salmo 126 es tan grande como el que expresó David en el Salmo 122.

¿Cuál fue la reacción inicial de los exiliados cuando regresaron a Jerusalén? (v. 1)

Cuando se sobrepusieron a eso, ¿cómo celebraron los que regresaron? (vv. 2,3).

Los exiliados que regresaron estaban en Jerusalén, pero la ciudad estaba en ruinas y el campo no había sido cultivado en décadas. La vida era incierta y peligrosa. (Consúltese Esdras y Nehemías.) ¿Cuál es la petición básica de la oración en el versículo 4?

¿Cómo es contestada en las promesas de los versículos 5 y 6?

 FE VIVA

¿Qué principios espirituales de los versículos 5 y 6 se aplican a nuestro servicio al Señor tanto como a la agricultura?

¿Por qué recoger una cosecha espiritual es un gozo?
¿Por qué tenemos un vislumbre de Dios entonces?

REGOCÍJESE Y CANTE

Los tres salmos cubiertos en esta sección son poemas que nos guían a adorar al Señor. No están tan interesados en hablar acerca de Él como en exaltarlo.

Salmo 95

¿De qué manera recomendó el salmista que se cantara y se diera gracias en los versículos 1 y 2?

¿Por qué el salmista se sentía tan profuso en cuanto al Señor? (vv. 3-5)

¿Qué posturas recomendaba el salmista para mostrar quién es Dios y quién es humano? (vv. 6,7).

¿Qué hace la diferencia, según su parecer, entre la exuberancia de los versículos 1-5 y la sumisión de los versículos 6 y 7?

¿Cuándo podría gritar ante el Señor y cuándo arrodillarse?

¿Qué rebelión de los hijos de Israel se tiene en mente en los versículos 8-11? (Véanse Éx 17.1-7 y Nm 20.1-13.)

¿Cómo evitarían los tipos de adoración ordenados en los versículos 1-7 la clase de rebelión espiritual mencionada en los versículos 8-11?

Quizás quiera ver cómo el escritor de Hebreos citó en 3.3—4.10 el Salmo 95.8-11 para advertir a sus lectores. Aquel autor señaló al Espíritu Santo como la fuente de este salmo (Heb 3.7)

Salmo 96

De los versículos 1-3 y 7-9 haga una lista de maneras de adorar al Señor.

¿Cuáles de ellas necesita para hacer «un nuevo canto» en su adoración al Señor?

De los versículos 4-6 y 10 haga una lista de razones para alabar al Señor.

Note cómo los mismos temas de adoración se repiten por todos los salmos. ¿Qué partes de la naturaleza alaban al Señor? (vv. 11-12)

¿Por qué alaba la naturaleza a Dios? (v. 13)

Salmo 150

El salmista llama a dos grupos a alabar al Señor. De lo que usted ha leído en otros salmos, ¿quiénes deben «alabar a Dios en su santuario? (v. 1)

De lo que ha leído en otros salmos, ¿quiénes deberían ser los que alaban a Dios «en la magnificencia de su firmamento»? (v. 1)

De lo que ha leído en otros salmos, ¿cuáles son algunas de las «proezas» de Dios por las que debe ser alabado? (v. 2)

De lo que ha leído en otros salmos, ¿cuáles son algunas de las cosas de Dios que conforman la «muchedumbre de su grandeza»? (v. 2)

¿Qué añaden todos los instrumentos y la danza a la adoración que la hace poderosa para decir a Dios cuán grande es y cuánto le amamos?

1. «Dinámica del Reino: La profecía y el futuro de Israel», *Biblia Plenitud*, Editorial Caribe, Miami, FL, 1994, p. 743.

Lección 4 / Un canto de tristeza

Debido a que vivimos en un mundo pecador experimentamos mucho dolor en el curso de la vida diaria. Es fácil, la mayoría del tiempo, descartar el dolor ligero que nos molesta encogiéndonos de hombros, pero algunas veces son muy grandes como para ignorarlo, o tan pequeños que vienen en torrentes que sobrepasan nuestras defensas. Entonces necesitamos ser sinceros con Dios, con nosotros mismos y con los demás, y entonar un canto de aflicción.

El cáncer, un adolescente que se fuga del hogar, ser despedido del empleo, el divorcio, la muerte de un padre o un incendio, son ejemplos de calamidades personales que nos abrumarán emocionalmente a algunos en el futuro cercano. Huracanes, terremotos, inundaciones, SIDA, guerra y hambruna son ejemplos de calamidades generales que azotan a naciones y comunidades ahora mismo.

La culpa debido al pecado es otra fuente de tristeza para individuos y grupos. Algunos de los cantos de aflicción tienen que ver con el hecho de enfrentar la disciplina de Dios por el pecado. No es agradable aceptarla, incluso cuando sabemos que a la larga nos será beneficiosa.

Sólo la gente que no cree en Dios se pregunta en esos momentos por qué no les evitó la calamidad. Solamente los que creen en un Dios impersonal y despreocupado se preguntan cómo puede amarlos y no hacer que cese el dolor. Sólo las personas que creen en un Dios poderoso, activo y misericordioso, que escucha cada una de sus preocupaciones, se apurarán a clamar a Él en su dolor y a esperar que esto haga una diferencia.

Los salmistas no titubeaban ni por un minuto en vaciar el dolor de sus corazones y llenar el oído de Dios con sus lamentos. Creían en un Dios que quería una relación sincera, cara a cara, y corazón a corazón con sus adoradores. Jamás vieron sus quejas como falta de fe o desobediencia. La inspiración del Espíritu Santo en estos poemas indica su aprobación de este saludable desnudar el corazón ante Dios. Contrario a algunas ideas actuales que promueven el temor a expresiones tan sinceras, la franqueza de estos adoradores, confesando sus aflicciones, convirtieron sus quejas en cantos de confianza antes de que hubieran acabado de cantarlos. Nosotros también necesitamos aprender que las aflicciones totalmente expuestas al oído y a la vista de Dios pierden el asidero mortal de nuestros corazones y nuestras almas. Deje que estos salmos le enseñen cómo orar, cómo testificar y como estar quieto delante del Señor en sus aflicciones.

Aflicción por mí mismo

Muchos cantos de aflicción tienen que ver con ayes privados de los salmistas. Veremos primero estos, porque necesitamos saber cómo tratar la tristeza individual para poder trabajar mejor como miembros de un grupo.

Salmo 6

David estaba siendo castigado por Dios debido a su pecado. ¿Qué impresión, acerca de Dios, estaba haciendo este castigo en David? (v. 1).

De las peticiones que David hizo a Dios en los versículos 2 y 4, ¿qué más aprende usted acerca de cómo se sentía David respecto a la disciplina divina?

¿Qué pensaba David que iba a ocurrirle? (v. 5)

¿Qué síntomas físicos estaba experimentando David como resultado de su aflicción? (vv. 2,6-8)

En su opinión, ¿qué quería decir David con la expresión «Mi alma también está muy turbada»? (v. 3)

En los versículos 8 y 9 David halló fuerza y decisión repentina. De repente, el Espíritu de Dios restauró su espíritu por lo que llegó a tres conclusiones. ¿Cuál fue la conclusión de David acerca de

1. los pecadores?

2. el Señor?

3. sus enemigos?

Salmo 42

Este salmo consiste de dos lamentos: uno (vv. 1-4), seguido de una declaración de esperanza (v. 5); y otro (vv. 6-10), seguido de una segunda declaración de esperanza (v. 11). El salmista escribió desde la perspectiva de la frontera norte de Israel, donde los arroyos corrían tumultuosamente por las laderas del monte Hermón (vv. 6,7). Estaba afligido por su separación de la adoración en el templo en Jerusalén (v. 4).

¿Qué síntomas de depresión (alma abatida), informa este hijo de Coré, estaba sintiendo? (vv. 1-4,6-7).

¿Por qué el bramido del ciervo es una buena metáfora de la depresión? (v. 1).

¿Cómo puede el hecho de oír una cascada reforzar un estado emocional de depresión o melancolía? (v. 7)

¿Acerca de qué cosas estaba deprimido el salmista? (vv. 3-4,9-10)

¿Cuál era la esperanza del salmista para el futuro? (vv. 5,8,11)

¿Cómo se las arregló en las tinieblas de la noche? (v. 8)

Salmo 77

Este salmo empieza con un lamento (vv. 1-9), pasa a una sección de reflexión (vv. 10-15), y concluye con una afirmación del poder y de la dirección de Dios (vv. 16-20). Asaf fue el escritor, de modo que hemos visto cantos de aflicción de los tres principales compositores de los Salmos: David, los hijos de Coré y Asaf.

Describa la oración de lamento de Asaf (vv. 1-3).

¿Se preocupaba Asaf respecto a ser oído por Dios? (v. 1)

¿Cuál fue la respuesta predeterminada de Asaf a Dios? (v. 2)

¿Cuáles eran los principales síntomas de la aflicción de Asaf? (v. 4)

¿Cómo trató Asaf de resolver su tristeza? (vv. 5,6)

¿Cuáles eran sus preocupaciones? (vv. 7-9)

Incluso en su angustia, ¿qué verdades acerca de Dios empezaron a impresionar a Asaf? (vv. 10-15)

Además de meditar, ¿qué otros remedios tomó Asaf para su aflicción? (vv. 12,13)

En los versículos 16-20 Asaf recordó los milagros que Dios realizó en relación con el Éxodo y el peregrinaje de Israel por el desierto. ¿Cuál es el valor de recordar la anterior ayuda de Dios en tiempos de aflicción?

AFLICCIÓN POR MI PUEBLO

Los tres salmos que se estudiarán en esta sección son cantos de aflicción escritos en tiempos de sufrimiento nacional. Tienen que ver con la destrucción de Israel por parte de Asiria en el año 722 a.C., el incendio del templo por los babilonios en 586 a.C., y la deportación de Judá a Babilonia después de que el templo fue destruido.

Salmo 80

ENTRE BASTIDORES

Este salmo fue escrito en el reino del norte, Israel, que fue dominado por las tribus de Efraín, Benjamín y Manasés (v. 1), luego que las diez tribus de Israel se separaron de Judá y Simeón, en la guerra civil que surgió después de la muerte del rey Salomón. En el siglo octavo a.c., el ejército asirio invadió Palestina, venció y deportó a Israel, pero el Señor hizo que se retirara antes de derrotar a Jerusalén y Judá. El Salmo 80 es un lamento por Israel al momento de la invasión.

Subraye en su Biblia todos los nombres de Dios que se hallan en el Salmo 80.

¿Qué significa cada nombre en su contexto? (Véase RIQUEZA LITERARIA, Lección 2, página 34 acerca del nombre «Jehová de los ejércitos».)

¿Cuál fue la queja de Asaf al Señor? (vv. 4-6) Tenga presente que las ciudades estaban sitiadas y no tenían ni alimento ni agua.

¿Qué deseaba Asaf del Señor? (vv. 3,7,19)

¿Qué dijo el salmista acerca de la historia de Israel con la ilustración de la viña trasplantada? (vv. 8-13)

¿Qué pidió Asaf a Dios con el uso continuo de la ilustración de la viña que Él había plantado? (vv. 14-16)

¿Qué prometió Asaf por Israel si Dios les libraba de Asiria? (vv. 17,18)

Salmo 74

 ### ENTRE BASTIDORES

Este salmo lamenta la destrucción del templo de Salomón en Jerusalén cuando los babilonios destruyeron la ciudad en el año 586 a.c. Como el Salmo 80, este también es un canto de aflicción compuesto por Asaf. Él no era un individuo que vivió cientos de años, sino una familia de sacerdotes que servían como directores del coro en el templo. Véase en 1 Crónicas 15.19 la referencia al Asaf original que fue contemporáneo de David.

Este salmo contiene dos oraciones a Dios para que recuerde (vv. 1-3 y 18-23). ¿Por cuáles grupos de personas quería Asaf que Dios hiciera algo?

¿Qué hicieron los babilonios al destruir el templo? (vv. 4-8)

¿Qué cosas hicieron que el salmista se sintiera abandonado por Dios? (vv. 9-11)

¿Qué cosas recordó el salmista acerca de Dios que le dieron esperanza? (vv. 12-17)

Salmo 137

Este salmo se ubica en Babilonia, donde los exiliados fueron llevados a la fuerza después de que Nabucodonosor, rey de Babilonia, derrotó a Judá y destruyó a Jerusalén y el templo. La tristeza y la fe decidida se entretejen en este canto de aflicción.

En los versículos 1 y 2, ¿cuáles son los símbolos de tristeza para los exiliados?

¿Qué escarnio hizo el exilio todavía más amargo para los salmistas? (v. 3)

¿Por qué no quería el salmista cantar del Señor? (v. 4)

¿Cómo muestran los versículos 5 y 6 la fe del salmista en que Dios no fue destruido junto con el templo?

El Salmo 137 termina con una vívida oración de venganza en contra de los que destruyeron o accedieron a la destrucción de Jerusalén. El Nuevo Testamento enseña, también, que la venganza pertenece a Dios (Ro 12.19), pero Jesús enseñó que debemos amar a nuestros enemigos y bendecir a los que nos maldicen (Mt 5.44). (Véase ENTRE BASTIDORES, Lección 12, página 151).

ESPERANZA EN MI AFLICCIÓN

Aunque todos los cantos de aflicción contienen secciones de esperanza, algunos son predominantemente de esperanza. Busque indicios de cómo recibir fuerza y confianza del Espíritu de Dios en medio de tiempos de tribulación.

Salmo 102

¿Qué cosas pide el salmista en el principio de su oración? (vv. 1,2)

Describa la condición física y emocional del salmista (vv. 3-7). (Los pájaros mencionados en el versículo 6 son aves ceremonialmente inmundas que habitan en las ruinas y en lugares desiertos.)[1]

¿Cuál es la causa de la condición y el lamento del salmista? (vv. 8-11)

¿Cuáles promesas proféticas eran la base de la esperanza del salmista? (vv. 12-18)

¿Quién esperaba el salmista que vería la gloria de Jerusalén restaurada como si un segundo éxodo hubiera ocurrido? (vv. 18-22)

¿Sobre qué basaba el salmista su expectación de que sobreviviría como siervo del Señor? (vv. 23-28)

 ENTRE BASTIDORES

El escritor de Hebreos refirió el Salmo 102.25-27 al Señor Jesús para demostrar su eternidad (Heb 1.10-12). Esta es sólo una de casi trescientas citas directas del Antiguo Testamento hechas por los escritores del Nuevo Testamento, donde hay por lo menos otras quinientas alusiones.[2]

El Espíritu Santo inspiró a los autores del Nuevo Testamento con gran visión del Antiguo. Algunas veces citaron a la versión hebrea. y otras a la griega. Unas veces dependieron del significado literal del pasaje citado, pero otras el Espíritu les guió a significados que los autores del Antiguo Testamento no habían visto de antemano.

El escritor de Hebreos refirió el Salmo 102.25-27 a Jesucristo, aun cuando el salmista escribió respecto a Dios. El Espíritu de Dios le reveló al escritor de Hebreos que el Hijo había sido el agente directo de la obra creadora de Dios (Heb 1.2).

Salmo 130

¿En qué profundidades se hallaba el salmista? (vv. 1,3)

¿Cómo representa una sensación de estarse ahogando una buena metáfora de este problema espiritual?

¿Cuál es el tema de la súplica del salmista al Señor? (vv. 2,4)

¿En qué se parecen observar el amanecer y esperar la liberación de los efectos del pecado? (vv. 5,6)

El salmista dirigió un mensaje de esperanza a Israel. Use ese modelo y escriba un mensaje de esperanza a un amigo inconverso. Use el nombre de su amigo o amiga en el mensaje (vv. 7,8).

FE VIVA

¿En qué aspectos de su vida personal y espiritual debería ser más sincero con Dios al expresar su decepción, frustración y vergüenza? No logrará ningún progreso espiritual en estos aspectos mientras no los haya expuesto completamente en una «canto de aflicción» sincero, como el de un hijo a su padre.

Cuando está afligido y busca alivio al meditar en Dios, ¿en cuáles características de Él debería concentrarse? ¿Cómo le ha ministrado su Espíritu en el pasado al grabar esas cosas acerca de Dios en su corazón?

Cuando no puede esperar alivio inmediato de una situación dada, ¿qué promesas para el futuro halla beneficiosas? (Si esto ha sido un problema para usted, pídale ayuda a su pastor o a algún hermano o hermana espiritualmente maduros.)

1. Franz Delitszch, *Biblical Commentary on Psalms* [Comentario Bíblico de Salmos], William B. Eerdmans Publishing Company, Grand Rapids, MI, 1968, 3:114.
2. Roger Nicole, «The Old Testament in the New» [El Antiguo Testamento en el Nuevo], *The Expositor's Bible Commentary*, Zondervan Publishing House, Grand Rapids, MI, 1979, 1:617.

Lección 5 / Un canto de confianza

Jenny, una niña de dieciocho meses de edad, y su papá fueron a dar una caminata por el barrio una espléndida mañana de primavera. Mientras él observaba los retoños en los árboles y escuchaba a los pájaros cantar, ella ponía atención a cosas más importantes, tales como las grietas en la acera.

No todas las secciones del concreto estaban al mismo nivel, y como usted sabe, la niña podía darse una buena caída si tropezaba. Esto exigía mucha concentración, además de tener que estirarse mucho para alcanzar la mano de papá y andar a toda prisa tratando de mantenerse a la par de él.

De súbito, la atención de Jenny fue captada por una bestia negra y peluda que cruzaba velozmente la calle directamente hacia ella. Era más alta que su cintura y su boca estaba abierta. Podía verle los dientes.

La respiración de Jenny se detuvo por el miedo, sus piernas dejaron de caminar y empezaron a danzar en un mismo lugar. Ambos brazos se extendieron hacia arriba, hacia papi.

Papá la levantó. Sus pequeños brazos rodearon el cuello de él y sus pies se aferraron con fuerza a sus costados, mientras ocultaba su carita en su cuello.

En un instante, Jenny dejó de temblar. En otro, se relajó, se inclinó hacia atrás para poder mirar hacia abajo, con su pelo cayéndole en el rostro, para ver al objeto de su reciente terror. «¡Guauguau!», gritó con deleite, desde lo alto de los brazos de su padre.

LA SEGURIDAD DE LA CONFIANZA

Los que confían en el Señor disfrutan de una seguridad como la de Jenny. Es apropiado que veamos tres de los salmos de David, porque hubo muchos lugares escabrosos en su vida en los cuales ejerció confianza ejemplar en su Dios.

Salmo 4

Hay tres partes en la oración inicial de David (v. 1) ¿Qué le decía a Dios en cada parte?

1.

2.

3.

¿Qué clase de personas habían estado causándole problemas a David? (v. 2)

¿Qué advertencia les dio David a esas personas? (v. 3)

¿Qué consejo espiritual les brindó? (vv. 4,5)

¿Cómo se contestó David a sí mismo la escéptica pregunta al empezar el versículo 6? (vv. 6,7)

¿Cuál fue el resultado del canto de confianza de David? (v. 8)

Salmo 20

Este salmo fue el canto de confianza de David de que la ciudadanía podría orar por todo rey de Israel. El pueblo oraría que el rey confiara en el Señor como la fuente de su fortaleza y sabiduría. Sin embargo, este salmo es asombrosamente estimulante para todos nosotros que no somos ni reyes ni reinas.

¿Por cuáles cosas debía el pueblo orar cuando el rey estaba en problemas? (vv. 1-3)

¿Qué cosas suponía esta oración que el rey estaba haciendo? (vv. 2,3)

¿Por cuáles cosas debía el pueblo orar a favor del rey regularmente? (vv. 4,5)

¿Qué confianza necesitaba Israel en cuanto al cuidado del Señor respecto al rey? (v. 6)

¿Qué confianza necesitaba el rey en cuanto al cuidado del Señor respecto a Israel? (vv. 7,8)

Salmo 62

Mientras el Salmo 20 destaca la incapacidad de la tecnología como fuente de seguridad, el Salmo 62 muestra que a la larga todas las personas nos fallarán, también. Sólo Dios es digno de nuestra completa confianza.

David describió la confianza de su alma en Dios (vv. 1,2), aconsejó a su alma que confiara en Dios (vv. 5-7), e instó a otros a que confiaran en Él (v. 8). ¿Cuál figura usó David tres veces para describir la confiabilidad de Dios?

¿Qué significado le da esta figura?

¿En qué clase de traiciones se involucran algunas personas? (vv. 3,4)

¿A qué conclusiones arribó David en cuanto a poner la confianza en las personas y en las artimañas humanas para avanzar? (vv. 9,10)

¿Qué cosas ha enfatizado Dios como razones para que confiemos en Él? (vv. 11,12)

Este salmo no quiere decir que usted jamás deba depender de su familia, amigos, iglesia, colegas u otras personas. ¿Qué quiere decir entonces?

¿Cuándo llega a ser excesiva la confianza en una persona y cuándo reemplaza a la confianza en Dios?

EL COMPROMISO DE LOS QUE CONFÍAN

Confiar en Dios es una decisión. Demasiados cristianos tienen una confianza débil o esporádica en Dios debido a que no se han comprometido a confiar en Él. Los Salmos 5 y 115 son cantos de confianza en los cuales los salmistas expresan una fuerte consagración a Dios.

Salmo 5

Mientras el Salmo 4 es una oración vespertina, el Salmo 5 es una oración matutina. Cada palabra se dirige a Dios, expresando confianza en Él.

Para iniciar el Salmo 5, ¿qué pide David del Señor? (vv. 1,2)

¿Qué le promete David al Señor? (vv. 2,3)

¿Qué clase de personas desagradan al Señor? (vv. 4-6)

¿Cuál es su destino? (vv. 4-6)

¿Cómo evitaba David ser uno de los que desagradaban al Señor? (vv. 7,8)

¿Qué parecían los enemigos de David? (v. 9)

¿Cuál fue la oración de David por sus enemigos? (v. 10)

¿Cuál fue la oración de David por todos los que confían en el Señor? (v. 11)

¿Qué esperaba David que pasara con los que confiaban en el Señor? (v. 12)

Salmo 115

Aun cuando el Salmo 5 es el canto de confianza de un individuo, el Salmo 115 es el de la nación de Israel. La apertura de este salmo adora al Señor (vv. 1,2). La mayoría de lo que resta es una afirmación de parte de Israel de su confianza en el Señor (vv. 3-8,12-13,16-18b). Entremezclados hay tres recordatorios para Israel a mantener activa su confianza (vv. 8-9,14-15,18c).

¿Cómo mostraron su humildad los adoradores en el Salmo 115? (v. 1)

¿Por qué glorificaron al Señor? (v. 1)

Note los atributos de Dios en el Salmo 62.11,12. ¿Cómo se comparan con los señalados en el Salmo 115.1? ¿Piensa usted que las razones para mencionarlos son similares o diferentes en ambos salmos? ¿Por qué cree eso?

¿Sugiere el versículo 2 que la vida era buena o mala para Israel? Explique su respuesta.

¿Cuál fue la respuesta de Israel a los gentiles que denigraban el cuidado que Dios les daba? (vv. 3-8)

¿Cómo dio a entender el salmista que los que adoraban ídolos eran como sus ídolos? (v. 8)

Dé un ejemplo de un falso dios actual y explique cómo alguien que es devoto del mismo se vuelve como el tal.

¿Quiénes son los tres grupos a quienes se ordena confiar en el Señor? (vv. 9-11)

¿Cuáles beneficios reciben del Señor los tres grupos? (vv. 9-11)

¿Qué más afirman acerca del Señor estos tres grupos? (vv. 12,13)

¿Cuál es una medida de la bendición del Señor? (vv. 14,15)

¿Qué tiene que decir el versículo 16 a los cristianos que preferirían ir directo al cielo en lugar de batallar con confiar en Dios aquí y ahora?

¿Qué tiene el versículo 17 que decir a los cristianos que preferirían morir antes que confiar en que Dios les hará triunfar en sus luchas?

LA RECOMPENSA DE CONFIAR

Los que pueden entonar el canto de confianza reciben una gran recompensa del Señor. La recompensa de su amor y su protección. Reciben la satisfacción de saber que el Señor sonríe por la confianza que tienen en Él.

Salmo 16

¿Qué deseaba David del Señor debido a su confianza en Él? (v. 1)

¿Cuál era la confianza de David respecto al Señor? (v. 2)

¿Cuál era la confianza de David respecto a los santos del Señor? (v. 3)

¿Cuál era la confianza de David respecto a los que adoraban ídolos? (v. 4)

Las familias de Israel hallaban su identidad en la herencia trazada desde la división de la tierra, por medio de suertes, entre las doce tribus, bajo Josué. ¿Qué reclamó David como su porción o herencia cuyas fronteras caían en lugares deleitosos? (vv. 5,6)

En los versículos 7-11 David describió varias características de su herencia en el Señor. ¿Cuáles son?

 ## INFORMACIÓN ADICIONAL

Pedro aplicó Salmo 16.8-11 en su sermón el día de Pentecostés (Hch 2.25-31). Pablo se refirió al versículo 10 en su mensaje en Antioquía de Pisidia (Hch 13.35-37). Los apóstoles entendieron el último versículo del Salmo 16 como mesiánico. Vea los dos pasajes en Hechos y explique cómo llegaron a la conclusión de que David pensaba en alguien más que en sí mismo.

Salmo 36

RIQUEZA LITERARIA

El Salmo 36 empieza con una sección llamada *oráculo*. Esto es, casi siempre, una palabra profética, y su connotación distintiva es la autoridad divina del mensaje. Hay otra palabra hebrea que se traduce «oráculo» e implica la noción de una carga (casi siempre de juicio), pero aquí se trata de la primera. David inició el Salmo 36 con una expresión divinamente autoritativa acerca de los malos. Sus lectores deberían prestarle atención.

¿Qué hay de malo en el propio concepto del impío? (v. 2)

¿Qué hay de malo con las palabras del inicuo? (v. 3)

¿Qué hay de malo con el pensamiento del maligno? (v. 4)

El Salmo 36 empieza como un canto de sabiduría, pero David no compara al justo con el impío. Contrasta al Señor con el malo como objeto de confianza y fuente de protección.

A continuación haga una lista de las cualidades de Dios y sus descripciones mencionadas en los versículos 5 y 6, las cuales caracterizan al Señor como más digno de confianza que el malo.

CUALIDAD DIVINA   DESCRIPCIÓN

En los versículos 7 al 9, David describe con imágenes literarias la protección dada por Dios. ¿Qué sugiere cada una de ellas en cuanto a la protección de Dios?

Sus alas (v. 7)

Su casa (v. 8)

El torrente de sus delicias (v. 8)

El manantial de vida (v. 9)

Su luz (v. 9)

Contraste la recompensa de la confianza con la del malo (vv. 10-12).

FE VIVA

¿Cuáles actitudes pecaminosas hay que abandonar para poder confiar en el Señor?

Según su opinión, ¿por qué el Señor valora tan alto la confianza?

El Espíritu Santo es el «pago inicial» (depósito o garantía) de la herencia futura de los creyentes en Jesucristo (Ef 1.11-14). A partir de Efesios 3.14-21, describa la recompensa por confiar en Dios, la cual pertenece al santo del Nuevo Testamento.

Lección 6 / *Un canto de temor*

Shakespeare se imaginó a Julio César discutiendo con su esposa Calpurnia, que trataba de disuadirlo para que no fuera al senado el idus de marzo:

Los cobardes mueren muchas veces antes de morir,
El valiente jamás prueba la muerte sino una sola vez.
De todas las maravillas que he oído,
Me parece la más extraña que los hombres teman,
Viendo que la muerte, un fin necesario,
Vendrá cuando quiera venir.[1]

El temor hace cosas extrañas con la gente. Puede crear un cobarde o un héroe, porque prepara a la misma persona para huir o para luchar con una sola descarga de adrenalina. Pone al descubierto la médula del carácter de uno y lo expone mientras todas las máscaras sociales normales quedan a un lado. Mire a un hombre o a una mujer cuando tiene miedo y verá a la persona real. César ignoró precipitadamente las precauciones razonables.

La gente hace cosas extrañas con el temor. Usted aprende mucho en cuanto a alguien al observar lo que teme. Algunas personas le temen a todo. Se imaginan los peores resultados de cualquier acontecimiento inesperado y lo anticipan con temor. Algunas personas parecen no temer a casi nada, y disfrutan de la recreación físicamente peligrosa. La mayoría de las personas experimentan temor en ocasiones de peligro para sí mismas o para sus seres queridos, y en tiempos de gran incertidumbre acerca del futuro.

Los salmistas no fueron inmunes al temor, y no se avergonzaron de hablar con Dios al respecto ni de invitar a otros a unírseles para clamar a Él por ayuda. No debemos ignorar el temor, como César, ni tampoco debemos tener temor de temer. Debemos acudir a Dios. No debemos vivir la vida cobardemente, detestándonos nosotros mismos por timidez. Debemos confiar en Dios lo suficiente como para atrevernos a servirle. Debemos temer sólo al Dios Todopoderoso, confiados en que Él siempre les dice a sus hijos: «No teman».

UN CANTO DE TERROR

Los dos salmos que usted estudiará en esta sección reflejan los terrores y lugares escabrosos en las vidas del rey David y de Hemán, un cantor de la corte de Salomón. Estos hombres no eran llorones, ni les asustaban sus propias sombras. Fueron individuos poderosos que enfrentaron situaciones prolongadas que amenazaban sus vidas. Fueron hombres reales que reconocieron su necesidad del Señor para lidiar con el temor.

Salmo 55

¿Cómo sentiría David que Dios estaba reaccionando a su continua súplica? (v. 1)

¿Cómo caracterizó David su campaña de oración? (v. 2)

El versículo 3 resume el problema que le producía el temor a David. ¿Qué es, y cómo explica esto su incansable oración?

¿Cómo era este continuo tiempo de temor para David? (vv. 4,5)

¿Cuál fue su respuesta humana al temor? (vv. 6-8)

Los versículos 9-11, 15, 19-21 y 23 contienen las oraciones de David pidiendo venganza. (Véase ENTRE BASTIDORES, lección 12, página 151.) ¿Qué hizo de la peligrosa situación de David, especialmente dolorosa, tan aterrorizante? (vv. 12-14)

¿Qué le prometió David al Señor y cuál fue su confianza, aun cuando sus oraciones parecieran gemidos incesantes? (vv. 16-18)

¿Cuál es el consejo espiritual de David a cualquiera que enfrente la traición y el terror? (v. 22)

¿Qué declara David que haría cuando el terror pasara y sus atormentadores fueran juzgados? (v. 23c)

Salmo 88

Probablemente el más pavoroso canto del corazón, en los Salmos, es el Salmo 88, compuesto por Hemán ezraíta. Aparte de un rayo vital de esperanza, que usted descubrirá en su estudio, el terror de Hemán es espantoso.

Por ahora, habrá notado que muchos de los salmos se acercan a Dios inicialmente de la misma manera. ¿Qué pide Hemán en los versículos 1, 2 y 9b?

Mire algunos de los salmos que ya ha estudiado en esta y otras lecciones, y haga una lista de por lo menos cinco que hayan tenido un principio similar.

¿A qué compara Hemán el hecho de vivir con sus temores? (vv. 3-5)

¿Qué le daba esa sensación? (vv. 4,5,14-18)

¿Cuánto tiempo se había sentido Hemán de esta manera? (v. 15)

¿Qué responsabilidades le asignó Hemán a Dios por su vida plagada de terror? (vv. 6-9)

A pesar de esto, ¿cuál fue su respuesta a Dios? (vv. 1,9b)

¿Cuál nombre usa Hemán para dirigirse al Señor? (v. 1) ¿Cómo es este nombre el rayo vital de esperanza en un salmo tétrico?

¿Cómo razonaba Hemán que Dios debía librarle de vivir muerto en sus temores? (vv. 10-12)

¿Cómo podría usar este método al orar respecto a algún problema que parezca consumir su vida?

 ## FE VIVA

Cualquier cosa que los salmistas hayan temido, no fueron tímidos para acercarse al Señor. ¿Cómo cambiarían sus oraciones si usted las empezara como los salmistas iniciaban sus cantos?

¿Qué nos previene reconocer nuestros temores ante Dios como lo hicieron los salmistas?

¿Qué nos previene reconocer nuestros temores, en adoración y alabanza, ante otras personas, como lo hicieron los salmistas?

¿Deberían nuestros temores ser un tema de adoración pública? ¿Por qué?

¿Puede un cristiano tener temor y, sin embargo, estar lleno del Espíritu Santo? ¿Por qué?

UN CANTO DE PAZ

Los tres salmos que estudiará en esta sección revelan la paz que David experimentó conforme el Señor aliviaba sus temores. Los terrores y lugares escabrosos de la vida de David duraron largos períodos de tiempo, pero la paz de Dios continuó siempre y puede ser por siempre para usted también.

Salmo 27

¿Qué características del Señor compensaban los temores de David? (v. 1)

¿Qué cosas le causaron temor a David en el pasado? (vv. 2,3)

¿Cómo se comparan las fuentes de temor de David con las suyas?

¿Qué les había ocurrido a las fuentes de temor de David? (v. 2)

Durante los años en que el joven David fue perseguido por el rey Saúl y durante el tiempo de la rebelión de Absalón, David estuvo separado del tabernáculo, de los sacrificios y de los festivales anuales. ¿Cómo halló David liberación de sus temores mediante la adoración en el tabernáculo? (vv. 4-6)

¿Cómo le había ayudado el sentir la presencia del Señor a hallar paz en tiempos de temor? (vv. 7-10)

¿Qué papel jugó la Palabra de Dios para prepararle en cuanto a la paz divina en tiempos de temor? (vv. 11-13)

¿Cuál es el consejo final de David para todos nosotros? (v. 14)

¿De qué manera resume el mandato «Espera en Jehová» todo lo que David testificaba en el Salmo 27 que le había ocurrido en su recorrido del temor a la paz?

Salmo 56

 ENTRE BASTIDORES

El encabezamiento del Salmo 56 lo ubica al principio de la huida de David de la presencia de Saúl «cuando los filisteos lo prendieron en Gat». Usted puede leer sobre este incidente en 1 Samuel 21.10-15. Debe haber sido un tiempo horrible porque también es el escenario del Salmo 34.

Ocho salmos se identifican como producto de la huida de David de la presencia de Saúl. Son, en el orden probable de su composición: 7, 59, 56, 34, 52, 57, 142 y 54.[2] Su concentración en la primera parte de los Salmos refleja que la mayoría, si no todos, los de David, están en las primeras dos secciones del libro (Sal 1—41 y 42—72).

Por sobre todo, ¿qué pidió David a Dios en el Salmo 56? (v. 1)

¿Qué causó el temor de David? (vv. 1,2)

¿Cómo estaban atacándole sus enemigos? (vv. 5-7)

¿Cómo halló paz David al enfrentar a sus atemorizantes enemigos? (vv. 3,4,8-11)

¿Cuál fue la principal percepción de David respecto a la protección de Dios? (vv. 4,11)

¿Cuál fue el voto de David a Dios? (v. 12)

¿Por qué este voto le pareció razonable a David? (v. 13)

¿Qué quiso decir David cuando señaló que los mortales no pueden hacerles nada a los que confían en Dios? (vv. 4,11) ¿Le hizo algo Saúl a David? ¿Le hizo algo Absalón? ¿Estaría de acuerdo Job con este salmo? ¿Lo estaría usted?

Salmo 142

 ENTRE BASTIDORES

Este canto de temor fue escrito por David «cuando estaba en la cueva», de acuerdo a la leyenda al principio del salmo. Hubo dos cuevas en las cuales David se escondió durante su huida de Saúl. El Salmo 142 puede referirse a cualquiera de ellas. Una fue la cueva de Adulam, en la que David se escondió cuando se escapó de Gat y donde reunió a su banda de seguidores (1 S 22.1-5).

El segundo incidente de una cueva fue en En-gadi, en los riscos que se hallan frente al Mar Muerto (1 S 24). Saúl llegó a la entrada de la cueva sin saber que David y sus tropas estaban en su interior. David perdonó la vida de Saúl, y este, temporalmente, dejó de perseguirlo.

El canto de temor de David no fue una oración silenciosa, breve, pronunciada desde una poltrona en una sala. ¿Cómo describió él su oración? (vv. 1,2) ¿Cómo se lo imaginaría usted actuando mientras oraba en esta cueva?

¿Qué cualidad divina permitía a Dios ayudar a David en su temor? (v. 3a)

¿Cuáles eran los temores de David? (vv. 3b,4)

¿Cuándo en su vida ha sentido que a nadie le importa su alma? (v. 4d) (Si no ha tenido tal experiencia, explique lo que piensa que David debe haber querido decir.)

Para reemplazar el temor con paz, ¿qué afirmó David en cuanto a Dios? (v. 5)

Para reemplazar el temor con paz, ¿qué le pidió David a Dios que hiciera? (vv. 6,7a)

Para reemplazar el temor con paz, ¿qué le prometió David a Dios que haría? (v. 7)

 FE VIVA

Las siguientes cuestiones están modeladas según las tres últimas preguntas respecto al Salmo 142. Respóndalas basándose en todo su conocimiento de las Escrituras y en su experiencia cristiana.

Para que el Espíritu Santo reemplace el temor en su vida con la paz, ¿qué necesita saber y declarar como su testimonio acerca de Dios?

Para que el Espíritu Santo reemplace su temor con paz, ¿por qué necesita orar y qué debería pedirle que haga por usted? ¿Qué promesas le haría en su «confesión»?

Para que el Espíritu Santo reemplace su temor con paz, ¿cómo debería servirle?

1. William Shakespeare, *Julio César*, ii, II:32-37.
2. Franz Delitszch, *Biblical Commentary on Psalms* [Comentario Bíblico de Salmos], William B. Eerdmans Publishing Company, Grand Rapids, MI, 1968, I:407.

Lección 7 / Un canto de protección

Un episodio del antiguo programa detectivesco de televisión *Remington Steele* se titulaba «Acero templado». En él, el Sr. Steele fue contratado para que proveyera seguridad a la Compañía Electrónica Dillon que estaba perdiendo información de sus investigaciones por robo. Ya que él mismo tenía un pasado turbio, Steele decidió contratar la ayuda del mayor ladrón que conocía: un hombre llamado Wallace.

Wallace ya no estaba activo como ladrón, y no quería involucrarse, ni siquiera para prevenir robos. Se había convertido al cristianismo y estaba dirigiendo una misión en un tugurio, pero Steele lo convenció de que el dinero que ganaría serviría grandemente para respaldar la operación de la misión.

La siguiente escena muestra a Wallace y la cuadrilla de «expertos» de seguridad que reclutó entre sus antiguos socios, instalando un elaborado sistema de seguridad electrónica en la mansión de Dillon, donde se hallaba ubicado el laboratorio de investigación. El señor Steele aseguró a un dudoso que los miembros del equipo tenían «más de setenta y cinco años de experiencia» en su campo.

Wallace fue convincente como protector de la firma Electrónica Dillon por dos razones. Primero, tenía conocimiento. Un casi omnisciente conocimiento de la mente criminal que sólo Steele apreciaba por completo. Creó una fortaleza, un refugio seguro. Segundo, Wallace era gentil. Su presencia inspiraba confianza y calma en medio de una situación tensa.

Todo el mundo quiere esas dos cualidades en un protector. Queremos uno que sea absolutamente confiable, conocedor de las tácticas de nuestro oponente; y que sea amable. Sin haber adquirido (como Wallace) su perspectiva mediante un pasado delictivo, sino más bien conociendo las tácticas de nuestro adversario, nuestro Dios es ese Protector, y los Salmos revelan esto.

CASTILLO FUERTE ES NUESTRO DIOS

David, los hijos de Coré y un cantor anónimo proveen los tres salmos que usted estudiará para ver la absoluta confiabilidad del Señor como su Protector. Hallará que estos salmos no están ligados a su ambiente histórico y pueden ser usados por cualquier lector.

Salmo 31

¿Qué frases, en los versículos 1 y 2, reconocen que Dios está muy por encima de nosotros y que en su gracia es condescendiente cuando escucha nuestras oraciones?

¿Cuáles son las imágenes literarias que David usó para describir al Señor como su Protector, y qué sugiere cada una de ellas respecto a Dios? (vv. 2,3)

IMAGEN LITERARIA   SIGNIFICADO

¿Cuál fue la petición hecha por David para sí mismo (v. 2) y qué detalles añade en los versículos 3-5?

¿En base a qué confiaba David en el Señor como su roca y fortaleza? (vv. 6-8)

En la oración de David pidiendo misericordia, ¿qué síntomas físicos dolorosos menciona? (vv. 9-13)

¿Cuáles síntomas emocionales menciona David? (vv. 9-13)

¿Quiénes estaban en contra de David y cómo lo obligaban? (vv. 11-13)

¿En qué basaba David su confianza en Dios, de acuerdo a su segunda expresión confiada, en este salmo? (vv. 14-18)

Cuando enfrentaba la persecución, ¿cuál fue la conclusión precipitada de David respecto al cuidado del Señor? (v. 22)

¿Cuál fue la conclusión madura de David respecto al cuidado divino durante la persecución? (vv. 19-21)

¿Qué exhorta David a los lectores de su canto de protección? (vv. 23-24)

En Lucas 23.46 Jesús citó desde la cruz la primera frase del Salmo 31.5. ¿Con qué pensamientos de este salmo encontró consuelo durante su sufrimiento?

Salmo 46

En 1529 Martín Lutero escribió un himno basado en el Salmo 46. Aún continúa siendo una expresión musical clásica de la protección de Dios contra las fuerzas del mal. Usted no puede omitir una estrofa al cantarlo, porque desde el principio hasta el fin se construye sobre un tema continuo: «Castillo fuerte es nuestro Dios». Para ver en dónde y cuántas veces aparecen, subraye en su Biblia los diferentes nombres dados a Dios en el Salmo 46. Haga una lista a continuación.

 RIQUEZA LITERARIA

El nombre «Dios» es la palabra hebrea *Elohim*, que relaciona el poder de Dios como Creador y Sustentador de todas las cosas. «El Altísimo» traduce el nombre hebreo *Elyon*, que designa a Dios como exaltado por sobre todos los poderes humanos y espirituales.

«El Señor» es el nombre hebreo *Yahweh* [Yavé o Jehová], que es el nombre personal de Dios (Éx 3.13-16; 34.5-7). Este es el nombre con el que Dios entró en el pacto con

Israel. Connota fidelidad y relaciones. «Señor de los ejércitos» o «Jehová de los ejércitos» traduce el nombre hebreo compuesto *Señor Sabaot*, que identifica a Dios como el Comandante de los ejércitos de los cielos. Es su título militar como defensor del pueblo del pacto.

Finalmente, «Dios de Jacob» relaciona al Creador, *Elohim*, con el padre de las tribus de Israel. Dios hizo a la nación con la que estableció un pacto. Sustentó a los descendientes de David.

Los versículos 1, 7 y 11 del Salmo 46 forman una confesión triple de confianza en Dios como Protector. Haga un resumen de lo que estos versículos dicen en cuanto a Él.

¿De qué clase de calamidades protegería Dios al salmista, según su confianza? (vv. 2,3)

 ## INFORMACIÓN ADICIONAL

El Salmo 46.4 habla de un río que beneficia a la ciudad de Jerusalén. Hay manantiales de aguas fuera de Jerusalén, pero no ríos en las colinas. Lo que los hijos de Coré hicieron fue usar un río como símbolo de las bendiciones de misericordia y gracia que fluyen de la presencia de Dios sobre su pueblo.

Esta idea de un río fluyendo de la presencia del Señor a la tierra y alrededor del pueblo llegaron a ser una imagen importante en el pensamiento bíblico. Mire los siguientes pasajes y haga un resumen de sus mensajes respecto al río.

Salmo 36.7,8

Ezequiel 47.1-12

Apocalipsis 22.1,2

¿En qué manera trabajó Dios como Protector de la ciudad de Jerusalén? (vv. 4-6)

¿Cómo protege Dios en tiempo de guerra? (vv. 8,9)

¿Cómo quiere Dios que su pueblo lo vea como su Protector? (v. 10)

Salmo 91

Este salmo está lleno de lenguaje figurado. Permita que su imaginación capte las ilustraciones, y tendrá una mejor posibilidad de conocer el vívido mensaje que el Espíritu Santo le dio a este cantor anónimo en este canto de protección.

El salmista invita a sus lectores al «abrigo del Altísimo» (v. 1) para conseguir protección. Las fortalezas antiguas algunas veces tenían cámaras secretas para seguridad en caso de alguna invasión. ¿Cuáles cámaras internas de intimidad con Dios puede haber tenido el salmista como «el abrigo»?

Usando la información dada en RIQUEZA LITERARIA acerca de los nombres de Dios, explique por qué el salmista cambió de «Altísimo» y «Todopoderoso» en el versículo 1 a «JEHOVÁ» en el versículo 2.

¿Qué imágenes de Dios como protector se usan en los versículos 1-6, y qué dice cada una respecto a Él?

¿Qué imágenes de peligro se usan en los versículos 3-13, y qué aspecto de riesgo representa cada una?

¿Qué papel juegan los ángeles en la protección de Dios sobre su pueblo? (vv. 11,12; véanse también Sal 103.20,21; Mt 18.10; Heb 1.13,14)

¿A quién le hace Dios una promesa personal de protección? (vv. 14-16)

¿Qué es lo que Dios promete? (vv. 14-16)

JEHOVÁ ES MI PASTOR

Esta sección contiene también un salmo de David, uno de los hijos de Coré y uno anónimo. Aunque hay ocasiones cuando queremos saber que el Señor nuestro Protector es una poderosa fortaleza, hay otras cuando necesitamos saber que es un Pastor tierno y compasivo.

Salmo 23

Este es el salmo más familiar porque habla del cuidado y consuelo del Señor en imágenes tan sencillas como para que hasta un niño responda, y tan profundas como para un adulto en una terrible crisis. Se ve al Señor como un pastor de ovejas (vv. 1-4), y como un anfitrión en su fiesta (vv. 5,6). La imagen del pastor domina nuestra memoria del salmo.

¿Cuáles son las necesidades diarias que el Pastor provee para su oveja, y qué representa cada una en nuestras vidas? (vv. 2,3)

NECESIDAD DIARIA   SIGNIFICADO

¿Cuál es la «necesidad» especial que el Pastor suple cuando es indispensable? (v. 4) ¿Por qué se le llama «el valle de <u>sombra</u> de muerte»?

¿Cómo usaba el pastor su vara? (v. 4; véase 1 S 17.34,35)

¿Cómo podría el Señor usar su vara de Pastor a favor suyo?

¿Cómo usaba el pastor su cayado? (v. 4)

¿Cómo podría el Señor usar su cayado a favor suyo?

En la imagen del gran banquete, ¿qué papel desempeña cada uno de los siguientes personajes? (v. 5)

PERSONAJE   PAPEL

El Señor

David (o el lector)

Los enemigos

¿Cómo fue honrado David por el Señor en el banquete? (v. 5)

¿Cómo resume la primera parte del versículo 6 lo que David presentó respecto a la protección del Señor como Pastor y Anfitrión?

En la última mitad del versículo 6, ¿qué significa la promesa de David, y por qué la hizo?

Si el ungimiento con aceite (v. 5) representa al Espíritu Santo en su plenitud en la vida del cristiano, ¿cómo le ayuda eso a entender el versículo 6?

Salmo 84

Los hijos de Coré dirigieron un canto de protección al Señor de los ejércitos (véase RIQUEZA LITERARIA en el Salmo 46). El salmista le asignó un nombre militar a Dios, lo cual encaja bien en la idea de protección, pero luego escribió acerca de Él en términos de gentileza. El poema capta la dualidad de esta lección sobre la protección. El Señor es fuerte pero tierno cuando protege a los suyos.

El salmista estuvo distante del templo por un tiempo largo. ¿Cuáles fueron sus pensamientos respecto a la presencia de Dios? (vv. 1,2)

¿Cuáles sentimientos reavivaron en el salmista sus recuerdos del nido del ave en el área del templo? (vv. 3,4)

 ENTRE BASTIDORES

La identificación del Valle de lágrimas (v. 6) es tema de desacuerdo. Las antiguas versiones han comprendido que se refiere al Valle de Lágrimas, pero algunos entienden que *Baca* significa algún árbol, tal vez el bálsamo (2 S 5.22-25). El contexto del salmo parece respaldar la perspectiva antigua. Cuando los peregrinos que se dirigían a Jerusalén atravesaban este agotador lugar desértico, sus lágrimas fluían como fuentes. Dios bendeciría su deseo de adorarle.

¿Cómo se imaginaba el salmista al poderoso Señor de los ejércitos cuidando tiernamente a sus peregrinos que vagaban en tierra desolada? (vv. 5-7)

El salmista se imaginaba la alabanza que los peregrinos ofrecerían al Señor cuando llegaran al templo en Jerusalén (vv. 8-11). Oran por el rey (el ungido del Señor) en los versículos 8 y 9, y se glorían en la protección de Dios sobre su pueblo en los versículos 10 y 11.

¿Qué papel desempeñaba el rey en la protección del pueblo (v. 9)

¿Qué papel desempeñaba el Señor al proteger al rey y al pueblo? (v. 11)

Describa el gozo de los peregrinos en los versículos 10 y 11.

¿Cuál es su actitud respecto a estar en la presencia del Señor en adoración pública y privada?

Haga un resumen de las bendiciones que el salmista ha imaginado para la persona que confía en el Señor (v. 12).

Salmo 121

Imagínese junto con el salmista que está caminando día tras día hacia Jerusalén en un peregrinaje. Frente a usted se levanta un macizo de montañas. Toda clase de pensamientos pueden correr por su mente cuando usted «alza [sus] ojos a los montes» (v. 1) ¿Cuáles pudieran ser algunos de esos pensamientos?

Una pregunta que los montes provocaban en el peregrino era: «¿De dónde vendrá mi socorro?» (v. 1) ¿Cómo respondió el salmista a esa pregunta? (v. 2)

¿Qué calificaba al Señor para proteger al vulnerable peregrino? (v. 2)

¿Qué clase de protección provee el Señor? (vv. 3-6)

¿Qué clase de Protector es el Señor? (vv. 3-6)

En los versículos 3-6, ¿cuál es la palabra repetida de protección?

Los verbos en los versículos 7 y 8 no describen ya la protección presente del Señor. Proyectan su protección al futuro. ¿Qué protección es prometida?

En los versículos 7 y 8, ¿cuál es la palabra repetida de protección?

Lección 8 / Un canto de acción de gracias

La señora Pumphrey es uno de los maravillosos personajes que viven en el Valle Yorkshire de la obra *All Creatures Great and Small* [Todas las criaturas grandes y pequeñas] de James Herriot. La señora Pumphrey, una viuda rica, dirigía una enorme casa con muchos sirvientes. Era inteligente, dedicada a causas de caridad, divertida, y, por lo general, capaz, excepto en un aspecto de su vida, tenía una actitud excéntrica.

La señora Pumphrey tenía un perro pequinés, al cual llamaba Tricki Woo porque estaba segura que descendía de emperadores chinos. Le atribuía numerosos rasgos humanos, y esperaba que sus sirvientes y amigos lo trataran como ella. El pobre Tricki casi no hacía ningún ejercicio, pero tenía todos los alimentos suculentos e insalubres que su codicioso corazón canino deseaba.

Como consecuencia, el joven veterinario James Herriot visitaba, con frecuencia, la mansión de la señora Pumphrey, en Barlby Grange, para tratar de resucitar la moribunda digestión de Tricki Woo. La señora Pumphrey le aseguraba a James que Tricki estaba tan agradecido por sus cuidados que lo había adoptado como su «tío Herriot».

Desde entonces, la oficina del veterinario fue el destino frecuente de una gran variedad de regalos lujosamente enviados por Tricki, y acompañados de notas «dictadas» por el perro a su dueña. Los regalos más generosos de Tricki eran sus canastas de Navidad, gran surtido de exquisitos bocados de Fortnun y Mason, los proveedores londinenses de la corona británica.

La generosidad de Tricki Woo era una fachada excéntrica con la que la señora Pumphrey ocultaba su gratitud. El pequeño pequinés era la compañía más íntima de la anciana mujer, y era muy importante para ella cada vez que su salud era restaurada. Los pródigos regalos que enviaba a nombre del perro eran muy significativos.[1]

Los escritores de los salmos compusieron cantos de gratitud como regalos al Señor. La abundancia de sus canciones, como la prodigalidad de los regalos de la señora Pumphrey, revelan la profundidad de su gratitud por todo lo que Dios había hecho por ellos.

GRATITUD POR LA GRANDEZA DE DIOS

La gratitud expresada en los Salmos empieza con una comprensión de la grandeza de Dios. Ninguna de sus acciones hacia el individuo pueden percibirse correctamente fuera del contexto de su obra más amplia en la creación y la historia.

Salmo 66

¿Cómo debe expresarse la gratitud por las asombrosas obras de Dios? (vv. 1,2)

¿Quién alabará las asombrosas obras de Dios? (vv. 1-4)

¿Qué maravillas, en la historia de Israel, deberían inspirar gratitud hacia Dios? (vv. 5-7) Vea la discusión sobre el Salmo 114 en la lección 2.

¿Qué maravillas de Dios en nuestras vidas deberían inspirar gratitud? (vv. 8-12)

 ## INFORMACIÓN ADICIONAL

El salmista escribió: «Porque tú nos probaste, oh Dios; nos ensayaste como se afina la plata» (Sal 66.10). Esta poderosa imagen de la purificación de impurezas morales y espirituales, expresada en alabanza al Señor, atrajo la atención de los escritores del Nuevo Testamento. Pedro escribió: «En lo cual vosotros os alegráis[...] para que sometida a prueba vuestra fe, mucho más preciosa que el oro, el cual aunque perecedero se prueba con fuego, sea hallada en alabanza, gloria y honra cuando sea manifestado Jesucristo» (1 P 1.6,7). Santiago abrevió la imagen de esta manera: «Hermanos míos, tened por sumo gozo cuando os halléis en diversas pruebas, sabiendo que la prueba de vuestra fe produce paciencia» (Stg 1.2,3).

¿Qué le prometió el salmista a Dios como actos de agradecimiento? (vv. 13-15)

¿Qué comprendió el salmista que frustraría sus intentos de orar o de agradecer a Dios por bendecirle? (v. 18)

¿Cuál es la diferencia entre pecar y arrepentirse, por un lado, y considerar la maldad en mi corazón, por el otro? (v. 18)

Salmo 106

Este notable canto de agradecimiento narra muchos de los fracasos espirituales de Israel. La gratitud del salmista es por el fiel amor de Dios que pacientemente castigó y restauró a su pueblo descarriado. Asegúrese de leer el salmo completo y comprender el cuadro total antes de ver pedazos del mismo.

¿Por qué llama el salmista a sus lectores a que den gracias al Señor? (vv. 1-3)

¿Por qué se anima el salmista al recitar la fidelidad de Dios al pueblo de su pacto? (vv. 4-5)

¿Qué sorprendía tanto al salmista respecto a la redención de Israel de la esclavitud en Egipto por parte de Dios? (vv. 6-12)

¿En qué sentido le salvó Dios a usted «por amor a su nombre, para hacer notorio su poder»? (v. 8)

¿Cómo se rebeló Israel contra el Señor durante el peregrinaje en el desierto, y cómo los disciplinó el Señor? (vv. 13-33)

REBELIÓN   DISCIPLINA
Sal 106.13-15; Éx 17.1-7

Sal 106.16-18; Nm 16.1-35

Sal 106.19-23; Éx 32.1-14

Sal 106.24-27; Nm 14.1-38

Sal 106.28-31; Nm 25.1-9

Sal 106.32,33; Nm 20.1-13

¿Cómo se rebeló Israel contra el Señor después de la conquista bajo el liderazgo de Josué? (vv. 34-39)

¿Cómo los disciplinó el Señor? (vv. 40-42)

¿Por qué el salmista estaba agradecido a Dios por sus acciones a través de todos estos pecados y disciplina? (vv. 43-46)

Con toda probabilidad, el Salmo 106 fue escrito durante los setenta años cuando la nación de Judá fue deportada a Babilonia como disciplina por sus pecados. De los versículos 6 y 47, ¿cómo usaba el salmista el pasado para acudir a Dios a favor de Judá como un pueblo esparcido?

¿Por qué el salmista no esperó a que el Señor restaurara a su pueblo antes de alabarle? (v. 48)

¿Por qué no debe esperar la próxima maravilla para alabarle?

GRATITUD POR LA ORACIÓN CONTESTADA

Muchos de los salmos empiezan con fuertes clamores al Señor para que preste atención a las súplicas de su pueblo. Estas apelaciones jamás brotan de duda alguna de que el Señor esté preocupado por las luchas de la vida. Estos salmos son una entrada audaz ante la presencia de Dios. Los Salmos operan creyendo que la comunicación con el Todopoderoso es uno de los más grandes privilegios que tiene la humanidad, y que las acciones de gracias por la oración contestada es un tema que uno espera descubrir allí.

Salmo 41

David escribió este salmo en una forma poco usual. En los versículos 1-3, bendijo al Señor de antemano por las maravillosas cosas que estaba seguro que el Señor haría por él. Luego, en los versículos 4-12, registró su oración por las cosas por las cuales ya había bendecido al Señor.

¿Por qué cosas que el Señor estaba haciendo a favor del pobre bendijo David al Señor? (vv. 1-3)

¿Cuál es el principal término con el que apela David en su oración? (v. 4)

¿Por cuáles aspectos de su vida hace David esta apelación? (vv. 4-9)

¿Cómo estaban los enemigos de David usando su enfermedad contra él? (vv. 5-8)

Para David, ¿qué era lo más doloroso respecto al líder que le atacaba? (vv. 6,9)

¿Qué es lo que pide David de la misericordia de Dios? (vv. 10-12)

¿Qué le sugiere el canto de gratitud de David en el Salmo 41, por la oración contestada, respecto a la confianza en la respuesta de Dios a las oraciones por la salud física?

Salmo 138

En este salmo, David alabó al Señor por contestar sus oraciones (vv. 1-3), le prometió que un día los reyes de la tierra guiarían a sus pueblos a alabar a Dios (vv. 4-6), y concluyó con una declaración de confianza en el cuidado continuo del Señor (vv. 7,8)

¿Qué cosas prometió David hacer (vv. 1,2a) debido a que Dios había contestado su oración? (vv. 2b,3)

En su opinión, ¿por qué quería David que los dioses paganos oyeran su alabanza al Dios que contesta la oración? (vv. 1,4)

¿Qué características de Dios relacionó David con su respuesta a la oración? (v. 2)

¿Qué le ocurrió a David cuando Dios contestó su oración? (v. 3b)

¿Cuál resultado quería David que tuviera su testimonio, ante los dioses paganos, en los corazones de los reyes gentiles? (vv. 4-6)

¿Por qué debe importarles a los que adoran ídolos que el verdadero Dios contesta las oraciones de los humildes? (v. 6)

¿Por cuáles cosas sabía David que podía orar y recibirlas debido a que eran la voluntad de Dios? (vv. 7,8)

GRATITUD POR LA SALVACIÓN

Los actos de gratitud en los Salmos llegan a ser, en definitiva, acciones de gracias por la liberación. El Señor libra de los enemigos, de enfermedades y de calamidades. Lo más glorioso de todo es darse cuenta de que libra de la culpa y del juicio por el pecado.

Salmo 18

Este salmo aparece en su totalidad en 2 Samuel 22. Samuel lo registró como la reflexión de David respecto a la protección de Dios en su vida pública, empezando con el conflicto con el rey Saúl. Ese uso encaja muy bien en el contenido del título del salmo.

El Salmo 18, por consiguiente, no es respecto a la salvación del pecado, sino acerca de la liberación divina de las dificultades. Como con otros salmos largos, es buena idea leerlo en su totalidad antes de empezar a observar los segmentos.

¿Cuál fue la respuesta emocional de David a la salvación del Señor? (v. 1)

 RIQUEZA LITERARIA

Amáis (Sal 18.1). [El hebreo] *'ahab* es similar a la palabra «amor» en nuestro idioma, en el sentido de que ambas cubren una amplia gama de significados e ideas análogas. *'Ahab* puede referirse a amar a Dios, a una amistad, al amor romántico, al amor por los ideales, al placer, etc. El participio *'oheb* se refiere a un amigo o amante. La primera mención del amor en la Biblia está en Génesis 22.2, donde se dice que Abraham amó a su hijo Isaac.[2]

El lenguaje de los primeros tres versículos de este canto de agradecimiento es parecido a muchos en otra lección. ¿Cuál otro tipo de canto usa estos términos? (vv. 1-3)

¿A qué imagen, referente al Señor, al inicio del Salmo 18, regresa David en los versículos finales? (vv. 46-50)

¿Cómo explican los nombres de Dios, en los versículos 1-3, la gratitud de David indicada en los versículos 46-50?

El Salmo 18 empieza con la fuerza de Dios para salvar y concluye con la gratitud de David por la salvación. En medio del salmo (vv. 20-30) hay una sección respecto a uno a quien el Señor se deleita en librar. ¿Qué dice David, que ciertamente no estaba exento de pecado, respecto a sí mismo en los versículos 20 al 24?

Usando uno o más conceptos del Nuevo Testamento reafirme lo que David dijo del Señor en los versículos 25 y 26.

Los versículos 1-3 y 46-50 hacen fuertes declaraciones respecto a la protección del Señor. Los versículos 20-27 demandan justicia del pueblo de Dios. ¿Cómo relacionan estos dos conceptos los versículos 28-30?

Los versículos 4-19 usan lenguaje e imágenes coloridas para describir al Señor en acción como Salvador. ¿En qué peligro se hallaba David? (vv. 4-6)

¿Cómo es el Señor en la batalla? (vv. 7-15)

¿Cómo le pareció a David su liberación? (vv. 16-19)

Los versículos 31-45 describen a David el guerrero, que tenía al Señor a su mano derecha. ¿En qué transformó el Dios de los versículos 7-15 a David? (vv. 31-36)

Aunque David veía al Señor con su espíritu (vv. 7-15), ¿qué veían sus enemigos con sus ojos? (vv. 37-42)

¿Qué ocurrió cuando David luchó con la fortaleza del Señor? (vv. 43-45)

Salmo 30

El título del Salmo 30 relaciona este canto de gratitud con la construcción del palacio de David (2 S 5.11), pero el contenido del salmo se enfoca en asuntos espirituales porque David vio el palacio como una evidencia de la futura bendición de Dios (2 S 5.12)

¿En base a qué se parece el regocijo de David, en el Salmo 30.1-3, al del Salmo 41.1-12?

¿Qué había descubierto David acerca de los problemas y de la bendición en la vida de los santos de Dios? (vv. 4-7)

¿Cuál había sido el punto decisivo para David pasar del problema a la bendición? (vv. 8-10)

¿Cómo razonó David con el Señor? (v. 9)

¿Por qué razón estaba David eternamente agradecido? (vv. 11,12)

 FE VIVA

¿En qué manera ha contestado Dios sus oraciones y le ha hecho estar agradecido?

¿Por qué le agradece respecto a su salvación del pecado?

¿Por cuáles otras cosas que Dios ha hecho por usted, está agradecido?

1. James Herriot, *All Creatures Great and Small* [Todas las criaturas grandes y pequeñas], St. Martin Press, Nueva York, 1972, cap. 13.
2. «Riqueza literaria: 97.10, amor», *Biblia Plenitud*, Editorial Caribe, Miami, FL, 1994, p. 720.

Lección 9 / Un canto de la Palabra de Dios

Cuando el resto de los piratas se rebelaron contra John Silver en *La Isla del Tesoro*, señalaron su desagrado con una «Mancha negra». Era la notificación bucanera de que se había celebrado un concilio y que se había llegado a un veredicto en contra de Silver. La mancha identificaba la naturaleza del asunto y la palabra *depuesto* garabateada debajo de la mancha anunciaba el veredicto. La astucia de Silver vio una manera de alejar la atención de sus compinches de su propósito de reemplazarlo.

—¡Vaya, diantres!, mírenlo ahora. ¡Esto no es suerte! ¡Ustedes lo han hecho y lo han cortado de una Biblia! ¿Quién es el tonto que corta una Biblia?

—¡Ajá, ajá! —dijo Morgan—. ¡Veamos! ¿Qué diré? Nada bueno puede resultar de esto, digo yo.

—Pues bien, ahora tienen que arreglárselas entre ustedes —continuó Silver—. Reconozco que ya lo han hecho ahora. ¿Qué cabeza de chorlito tenía una Biblia?

—Fue Dick —dijo uno.

—Dick... ¿fue él? Entonces bien puede ponerse a rezar —dijo Silver—. Él ya ha visto su porción de suerte, la que tenía Dick, y pueden estar seguros de eso... Y ahora, compañeros, ¿esta mancha negra? No sirve de gran cosa, ¿verdad? Dick se gastó su suerte y arruinó su Biblia y eso es todo.

—Todo lo que tengo que hacer es besar el libro, ¿no es cierto? —gruñó Dick, quien evidentemente se sentía intranquilo por la maldición que había acarreado sobre sí.

—¡Una Biblia con una porción cortada! —replicó Silver burlonamente—. De nada sirve. Ya no sirve más que cualquier libro de baladas.[1]

La Biblia era un objeto de respeto supersticioso para John Silver y sus traicioneros compañeros. Sólo una persona insensata tendría una, pero si estaba allí, merecía un tratamiento especial para tener buena suerte y evitar la mala fortuna.

David y los otros salmistas se hubieran quedado pasmados, si no apabullados, por semejante actitud hacia la Biblia. Para ellos las Escrituras eran la maravillosa Palabra de Dios. Es el libro acerca de la vida y la bondad; la suerte no entra para nada en el cuadro.

UN CANTO DE PERFECCIÓN

Salmo 19

En este hermoso poema David cantaba acerca de la revelación que Dios da de sí mismo en la naturaleza y en su Palabra. Su revelación en la naturaleza es buena; en su Palabra es mejor. Es más, es perfecta.

¿Qué revelan los cielos acerca de Dios? (v. 1) Compárese con Romanos 1.20.

¿Cuándo revelan los cielos a Dios? (v. 2)

¿A quién revelan los cielos a Dios? (v. 3)

¿En dónde revelan los cielos a Dios? (v. 4)

¿En qué forma es el sol como un novio que sale para su boda? (v. 5a)

¿En qué manera es el sol como un gigante alistándose para competir en una carrera? (v. 5b)

¿Qué hace del sol el más grande revelador espacial de Dios? (vv. 4c-6)

¿Cuál es el resultado de la revelación que Dios da de sí mismo en los cielos? (Véase Ro 1.18-21.)

El nombre divino asociado con la revelación dada en los cielos es *Dios*; el que asocia con la Palabra de Dios es *Señor*. Vea la RIQUEZA LITERARIA del Salmo 46 en la lección 7, página 92 y explique por qué David hizo este cambio en el nombre.

RIQUEZA LITERARIA

Hay ocho términos principales para la Palabra de Dios en el Salmo 19 y 119. Se usan como sinónimos a grosso modo, pero cada uno tiene su propio acepción. Los cinco primeros términos aparecen en el Salmo 19 y todos en el Salmo 119.

Ley tiene el significado básico de instrucción. Su sentido bíblico es la instrucción dada por Dios acerca de cómo vivir para agradarle. La ley es la instrucción de Dios respecto a la realidad. No hay nada arbitrario o caprichoso en cuanto a la ley.

Testimonio es con frecuencia sinónimo de pacto. El testimonio del Señor es su arreglo con su pueblo, mediante el cual ellos son aceptables ante Él.

Precepto o *estatuto* (el mismo término hebreo) se refiere a la revelación del pacto. Un precepto es algo revelado que debe ser guardado y obedecido.

Mandamiento designa una orden que debe obedecerse. Lleva la autoridad del que lo dicta, de modo que los mandamientos de Dios son los más grandes.

Juicio identifica una decisión de parte de Dios respecto a cuestiones de la conducta humana. Sus juicios no son emitidos conforme emerge la mala conducta sino que fueron dictados de antemano.

Estatuto (un término hebreo diferente que el «estatuto» o «precepto» anterior), denota un decreto dictado por el soberano Señor. Son mejores que los decretos emitidos por los reyes humanos.

Palabra es un término acerca del lenguaje. La palabra es lo que procede de la boca de Dios. Es una expresión hablada divina.

Otro término hebreo que se traduce «palabra» tiene el sentido de promesa. Las palabras o promesas de los hombres no son confiables, pero las palabras de Dios son seguras.[2]

¿Qué cosas puede hacer la Palabra de Dios que la revelación en la naturaleza no puede? (vv. 7,8,11a)

¿Cuáles son algunas de las características de la Palabra de Dios? (vv. 9,10,11b)

¿Qué comprensión y convicción de pecado puede la Palabra de Dios dar que no puede dar la revelación en la naturaleza? (vv. 12,13)

¿Qué transformación personal deseaba David de la Palabra de Dios? (v. 14)

UN CANTO DE AMOR Y OBEDIENCIA

Salmo 119

Este salmo es un salmo alfabético o acróstico. Véase ENTRE BAS-TIDORES en la lección 1, Salmo 37, página 19, una consideración de los salmos acrósticos. Hay veintidós estrofas de ocho versículos en el Salmo 119. Cada uno de los 176 versículos menciona a la Palabra de Dios por medio de los ocho términos comunes señalados arriba, y una multitud de sinónimos usados con menos frecuencia.

El formato alfabético de este canto de la Palabra de Dios impuso una estructura artificial tal que hizo difícil al salmista desarrollar un flujo de pensamiento. Por consiguiente, el Salmo 119 puede parecer repetitivo y desarticulado.

En el ejercicio que sigue se le da un tema para cada estrofa del Salmo 119. En los espacios provistos anote las principales lecciones que encuentre en cada estrofa.

Salmo 119.1-8 BENDITOS LOS OBEDIENTES

Salmo 119.9-16 ESCRITA EN MI CORAZÓN

Salmo 119.17-24 ABRE LOS OJOS

Salmo 119.25-32 VERDAD O ENGAÑO

Salmo 119.33-40 PRESERVA LA VIDA

Salmo 119.41-48 LIBERTADORA

Salmo 119.49-56 CONSUELO PARA EL QUE SUFRE

Salmo 119.57-64 UN VOTO DE OBEDIENCIA

Salmo 119.65-72 SEÑOR, ENSÉÑAME

Salmo 119.73-80 DADORA DE VIDA

Salmo 119.81-88 PREVIENE EL DESMAYO ESPIRITUAL

Salmo 119.89-96 SIN LÍMITES, SIN TIEMPO

Salmo 119.97-104 HACE A UNO MUY SABIO

Salmo 119.105-112 VIDA A MIS PIES

Salmo 119.113-120 EL CAMINO CORRECTO

Salmo 119.121-128 MÁS PRECIOSA QUE ORO

Salmo 119.129-136 DA DIRECCIÓN

Salmo 119.137-144 SUMAMENTE PROBADA

Salmo 119.145-152 ESPERANZA PARA SEGURIDAD

Salmo 119.153-160 SALVACIÓN EN LA PERSECUCIÓN

Salmo 119.161-168 FUENTE DE PAZ

Salmo 119.169-176 TEMA DE MI CANCIÓN

 FE VIVA

    ¿Cuál cree que fue el principal punto que David quería enfatizar acerca de la Palabra de Dios en el Salmo 119?

    ¿Cómo resumiría la actitud del salmista hacia la Palabra de Dios en el Salmo 119?

¿Cómo completaría esta declaración? Amo la Palabra de Dios porque:

Anote alguna de las cosas que la Palabra de Dios le ha enseñado que no podría haber aprendido si ella no existiera.

Componga una oración de gratitud a Dios por la manera en que ha transformado su vida con su Palabra. Sea específico en cuanto a los cambios que la Palabra ha producido.

1. Robert Louis Stevenson, *La Isla del Tesoro*, Charles Scribner's Sons, impresión de Macmillan Publishing Company, Nueva York (p. 1911 del original en inglés). Reimpreso con permiso del Editor.

2. Willem A. VanGemeren, «Psalms» [Salmos], *The Expositor's Bible* [La Biblia del Expositor], Zondervan Publishing House, Grand Rapids, MI, 1991, 5:185, 186, 737, 738.

Lección 10 / Un canto del Mesías

En el Antiguo Testamento ungir con aceite a un objeto o una persona indicaba su separación, por Dios, para un propósito especial. Los sacerdotes y algunos de los profetas fueron ungidos, pero el Antiguo Testamento enfatiza el ungimiento de los reyes, sobre todo como libertadores de los enemigos.

David tenía el concepto de unción en muy alta estima. Saúl había sido el primer hombre ungido como rey de Israel (1 S 10.1). Con el correr del tiempo Saúl demostró debilidad espiritual, y el Señor ungió a David para sucederle (16.13). Saúl se desanimó por la pérdida del reino para su posteridad y se tornó implacable en sus intentos de matar a David y frustrar los propósitos de Dios.

En dos ocasiones mientras Saúl perseguía a David y a su banda de hombres, este último tuvo la oportunidad de matar a Saúl. Si hubiera oído a sus consejeros y le hubiera matado, se habría librado de años de exilio, habría llegado al trono mucho más rápido, y demostrado en forma dramática su superioridad sobre Saúl. David pudo escribir salmos sobre cómo el Señor había entregado a su enemigo en sus manos y hubiera reunido a la nación de Israel alrededor suyo y del Señor.

Pero rehusó hacerle daño a Saúl. Aunque este era un fracaso moral y espiritual destinado a perder el trono, la posición de David fue: «No extenderé mi mano contra mi señor, porque es el ungido de Jehová» (1 S 24.10; véanse también 24.6; 26.9,11,16,23). Sólo el Señor podía terminar su ordenación especial.

No es de sorprenderse que David y los profetas usaran el concepto de unción con el futuro Gobernante del pueblo de Dios, el Gobernante que reinará para siempre sobre toda la tierra con justicia y rectitud para todos, el Gobernante que era, de alguna manera, Hijo de David e Hijo de Dios. El verbo hebreo «ungir» es *mashac*, el nombre para «el ungido» es *mashíac*, que vino al español como *Mesías*. En griego es *cristós*, del cual procede el nombre y título *Cristo*. Entone con los salmistas un canto del Mesías.

 ### DE UN VISTAZO

EL CRISTO DE LOS SALMOS		
Salmo	**Descripción**	**Cumplimiento**
2.7	Hijo de Dios	Mateo 3.17
8.2	Alabado por los niños	Mateo 21.15,16
8.6	Señor de todo	Hebreos 2.8
16.10	Resucitado	Mateo 28.7
22.1	Desamparado ante Dios	Mateo 27.46
22.7,8	Burlado por sus enemigos	Lucas 23.35
22.16	Horadado en pies y manos	Juan 20.27
22.18	Se disputan sus ropas	Mateo 27.35,36
34.20	No le quebraron las piernas	Juan 19.32,33,36
35.11	Acusado por falsos testigos	Marcos 14.57
35.19	Odiado sin causa	Juan 15.25
40.7,8	Se goza cumpliendo la voluntad de Dios	Hebreos 10.7
41.9	Traicionado por un amigo	Lucas 22.47
45.6	Rey eterno	Hebreos 1.8
68.18	Ascendido al cielo	Hechos 1.9-11
69.9	Celoso de la casa de Dios	Juan 2.17
69.21	Le dan vinagre con hiel	Mateo 27.34
109.4	Ora por sus enemigos	Lucas 23.34
109.8	El castigo de quien lo traicionó	Hechos 1.20
110.1	Reina sobre sus enemigos	Mateo 22.44

110.4	Sacerdote para siempre	Hebreos 5.6
118.22	Piedra, cabeza del ángulo del edificio de Dios	Mateo 21.42
118.26	Viene en el nombre del Señor	Mateo 21.9

Esta tabla compila muchos de los pasajes mesiánicos de los salmos. Usted estudiará la mayoría de ellos en esta lección, pero hay otros que tal vez desee considerar por su cuenta.[1]

UN CANTO DE PODER MESIÁNICO

Los salmistas y los profetas no previeron principalmente un Mesías sufriente. Vieron al Rey de reyes y Señor de señores, Gobernante de toda la tierra, y tuvieron razón. El Cristo de Apocalipsis y el Mesías de los Salmos 2 y 110 son idénticos.

Salmo 110

Este es el salmo más citado en el Nuevo Testamento. Jesús lo usó (Lc 20.42), los apóstoles se refirieron a él (Hch 2.34,35), y el escritor de Hebreos se sentía particularmente atraído hacia él (Heb 1.13; 5.6).

¿Qué dicen los versículos 1 y 2 acerca del Mesías como Rey indicado por Dios?

¿Qué dicen los versículos 3 y 4 en cuanto al Mesías como Sacerdote asignado por Dios y acerca de los que le sirven?

¿Qué dicen los versículos 5-7 respecto al Mesías como Juez nombrado por Dios?

¿Qué punto recalcó Jesús acerca del Mesías en base al Salmo 110.1? (Mt 22.41-46; Mc 12.35-37; Lc 20.41-44)

¿Qué aspecto destacó Pedro respecto a Jesús según el Salmo 110.1? (Hch 2.33-36)

¿Qué quiso señalar el escritor de Hebreos en cuanto a Jesús a partir del Salmo 110.4? (Heb 5.5-11; 6.19—7.28)

Salmo 2

Este salmo capta el tono militante del tiempo cuando el Mesías establecerá su Reino y aplastará a todos los que se le oponen. El versículo 7 es citado ampliamente en el Nuevo Testamento. Los versículos 1-3 no se ubican en el futuro como los versículos 4-9. ¿Cuál tiende a ser la actitud de las naciones y reyes hacia el Señor y su Mesías en todo tiempo y en todo lugar? (vv. 1-3)

En el tiempo del Señor, ¿cuál será su respuesta a las naciones y a los reyes rebeldes? (vv. 4-6)

¿Qué contiene el decreto del Señor concerniente al Mesías? (vv. 7-9)

¿Cuál es el consejo del salmista anónimo a los reyes y naciones de todos los tiempos y en todo lugar? (vv. 10-12)

¿Qué punto enfatizó Pablo acerca de Jesús en base al Salmo 2.7? (Hch 13.33,34)

¿Qué conclusiones acerca del Mesías extrajo el escritor de Hebreos del Salmo 2.7? (Heb 1.5; 5.5)

 FE VIVA

¿Cuál es el modo en que adora David en el Salmo 110?

¿Cuál es el modo de adorar que se indica en el Salmo 2?

¿Cómo puede expresar estas actitudes de adoración al adorar a Jesús como el Mesías, poderoso Rey de toda la tierra?

¿Qué implicaciones tiene el Salmo 2.10-12 para los líderes de su nación en los asuntos morales y espirituales que enfrentan hoy?

UN CANTO DE GLORIA MESIÁNICA

Los Salmos 45 y 72 son reales que expresan el ideal de Dios para la dinastía davídica. Las ideas de ambos salmos, en definitiva, van más allá del campo humano a dimensiones del reino mesiánico. Los hijos de David dieron paso al Hijo de David.

Salmo 72

La nación de Israel esperaba grandes cosas de Salomón. Era hijo de David, y su reino fue la edad dorada de Israel. El reino alcanzó su mayor extensión, experimentó paz y prosperidad, y era un poder al cual miraban todas las naciones vecinas. Era natural preguntarse si las promesas eternas, hechas por el Señor a David (2 S 7.12-16), se cumplirían en Salomón. El Señor inspiró a Salomón a escribir el Salmo 72 para mostrar que el reino del Mesías era todavía algo futuro.

¿Cuáles serán las principales características del reino mesiánico? (vv. 1-4,12-14)

¿Cuál será la extensión del reino mesiánico? (vv. 5-11)

¿Cuáles serán los resultados del reino mesiánico? (vv. 15-17)

¿Cómo resume la alabanza de los versículos 18 y 19 la disposición del salmo 72 (y del segundo grupo de salmos, del 42 al 72)?

¿Qué características del rey, descritas en el Salmo 72, sólo pueden ser cumplidas por el Mesías?

Salmo 45

Los hijos de Coré escribieron este salmo como un canto nupcial para el matrimonio de uno de los reyes de Judá. Las ideas del canto pronto se elevaron a lo eterno y así se convirtió en un poema del Mesías y su esposa, la Iglesia.

¿Qué cualidades hacen excelente al Mesías? (vv. 2-5)

¿Por qué Dios escogió ungir al Mesías? (vv. 6,7)

¿Qué punto destacó el escritor de Hebreos del Salmo 45.6,7? (Heb 1.8,9) Tal vez quiera leer el primer capítulo de Hebreos por entero para captar el hilo del pensamiento.

¿Cómo se ve la novia real? (vv. 9,13-15)

¿Qué consejo dio el salmista a la esposa real? (vv. 10-12)

¿Qué paralelos puede extraer entre la novia real y la iglesia de Jesucristo?

¿Cuál será el resultado de las bodas del Mesías? (v. 17)

 FE VIVA

¿Cuál fue la disposición de Salomón al adorar en el Salmo 72?

¿Cuál fue la disposición de los hijos de Coré al adorar en el Salmo 45?

¿Cómo puede expresar estas formas de adoración al adorar a Jesús, el Mesías, glorioso en su carácter?

UN CANTO DEL MESÍAS SUFRIENTE

El salmo mesiánico que deja perplejos a quienes lo leen por primera vez es el Salmo 22. David empezó a describir sus propios tormentos en un tiempo de abandono, pero bajo la inspiración del Espíritu Santo avanzó mucho más allá de su experiencia para describir la angustia de Aquel que viviría un milenio más tarde.

Salmo 22

¿Cuál fue la queja del Mesías? (vv. 1,2)

En su opinión, ¿por qué citó Jesús el Salmo 22.1 desde la cruz? (Mt 27.45,46; Mc 15.33,34)

¿Cuál era la esperanza del Mesías? (vv. 3-5)

ENTRE BASTIDORES

El establecimiento del trono de Dios. Los Salmos fueron el himnario de alabanzas de la iglesia primitiva, y como tal están llenos de principios completamente aplicables para la vida neotestamentaria de hoy. Muy pocos principios son más esenciales para nosotros que este: la <u>presencia</u> del poder del Reino de Dios se relaciona directamente con la práctica de la <u>alabanza</u> a Dios. El verbo «habitar» indica que siempre que el pueblo de Dios exalte su nombre, el Señor estará dispuesto a manifestar el poder de su reino, de la manera más apropiada, según la situación.

Este hecho lleva a muchos a concluir que, de una manera muy real, la alabanza crea un espacio para la <u>presencia</u>, y prepara un lugar <u>específico</u>, para que Dios more en medio de su pueblo. Algunos han elegido la frase «establecer su trono» para describir este «habitar» de Dios en nuestro medio, gracias a nuestra adoración y bienvenida acompañada de alabanzas. Dios aguarda por nuestra adoración, llena de un espíritu de alabanza, para apresurar la «llegada» de su reino y la realización de <u>su</u> voluntad entre los seres humanos.[2]

¿Qué humillación pública resistió el Mesías? (vv. 6-8)

¿Cuál fue la relación personal del Mesías con Dios? (vv. 9-11)

¿Cómo eran los enemigos del Mesías? (vv. 12,13,16,20,21)

¿Cuáles fueron los sufrimientos personales del Mesías? (vv. 14-20)

Léase Mateo 27.32-56 y Juan 19.17-37. Destaque los cumplimientos del Salmo 22 en las narraciones de la crucifixión.

¿Cuál es el momento decisivo del salmo? (v. 21b)

¿Cuándo, en la experiencia de Jesús en la cruz, cree que le ocurrió esto?

¿Cuáles fueron las respuestas del Mesías a la liberación de Dios? (vv. 22-26)

¿Cuál será la respuesta del mundo a la alabanza del Mesías a Dios? (vv. 27-31)

¿Cómo son usted y todos los demás cristianos parte del cumplimiento del Salmo 22.27-31?

DESTELLOS MESIÁNICOS EN OTROS SALMOS

El Espíritu Santo llevó a los poetas más allá de su propio entendimiento cuando profetizaron respecto al Mesías. Algunas veces el elemento mesiánico es una pequeña parte de un salmo que no se refiere expresamente al Mesías. Veamos algunos de ellos.

Salmo 69.9

David escribió acerca de su devoción al tabernáculo. ¿Cómo usó el apóstol Juan este texto respecto al Hijo ideal de David, el Mesías? (Jn 2.13-17)

Salmo 118.19-29

¿Cómo relacionó Jesús, consigo mismo y con los que le rodeaban, el Salmo 118.22,23? (Mt 21.40-46; Mc 12.9-12; Lc 20.15-19)

¿Cómo impulsó el Espíritu Santo a Pedro a relacionar el Salmo 118.22 con Jesús y con los gobernantes judíos? (Hch 4.8-12)

¿Cómo amplió Pedro el uso del Salmo 118.22 cuando escribió a los gentiles y a los judíos que no habían estado involucrados en la muerte de Jesús? (1 P 2.4-8)

En el Nuevo Testamento, el Salmo 118.26 estuvo en los labios de la multitud en alabanza. ¿Por qué? (Mt 21.9; Mc 11.9,10; Lc 19.37-40; Jn 12.12,13)

Salmo 41.9

¿Cómo relacionó Jesús el lamento de David con la traición por parte de un amigo con su situación? (Jn 13,18,21-30)

Salmo 69.21

Otro detalle aparentemente menor de un lamento de David demostró ser una profecía del Espíritu de Dios. ¿Cómo se cumplió esto en el sufrimiento del Mesías? (Mt 27.33,34,48; Mc 15.22,23,36)

Salmo 34.20

Este versículo es de un salmo de alabanza de David por la liberación de manos del rey Saúl. ¿Cómo halló esto un cumplimiento profético en el Mesías? (Jn 19.31-37; véase también Éx 12.43-46)

Salmo 16.10

 ENTRE BASTIDORES

«Declarado Hijo de Dios con poder» [Salmo 16.10].
Los apóstoles reconocieron claramente que este versículo pre-

decía la resurrección de Jesús. Pedro lo citó en su sermón del día de Pentecostés (Hch 2.27) y Pablo también lo hizo en una de sus primeras predicaciones en Antioquía de Pisidia (Hch 13.35). La suficiencia de la obra expiatoria de Cristo se declara en la resurrección (Ro 6; 2 Ti 1.10; Heb 2.9-18; 1 P 2.18); mediante ella Jesús «fue declarado Hijo de Dios con poder» (Ro 1.4). Al completar la obra que vino a realizar, ascendió a la diestra del Padre. Ahora miramos esperanzados hacia adelante, porque habiendo destruido el poder de la muerte, el Señor ha ofrecido la promesa de vida eterna a todos aquellos que le reciben como Mesías (Jn 6.40).[3]

---

1. «Gráfico: El Cristo de los Salmos», *Biblia Plenitud*, Editorial Caribe, Miami, FL, 1994, p. 663.

2. *Ibid.*, «Dinámica del Reino: El establecimiento del trono de Dios», p. 661.

3. *Ibid.*, «Dinámica del Reino: Declarado Hijo de Dios con poder», p. 655.

Lección 11 / Un canto de arrepentimiento

Todo el mundo ha oído hablar de *La letra escarlata*, pero pocos la leen ya. Esto es muy malo, porque explora las preguntas cruciales de lo que es el pecado y cómo se debe tratar con Dios, con la comunidad y con uno mismo. La historia se ubica en la Nueva Inglaterra puritana. Los hechos son que Hester Prynne cometió adulterio durante la prolongada ausencia de su esposo, tuvo un hijo, y fue sentenciada por la comunidad a llevar por siempre la letra *A* como emblema de su pecado. La historia real consiste en lo que pasa en los corazones y espíritus de Hester, el reverendo Arthur Dimmesdale, que cometió adulterio con ella pero lo ocultó, y el esposo de Hester, que regresa bajo el nombre de Roger Chillingworth para descubrir por sí mismo al adúltero y vengarse.

La teología de Hawthorne no era ortodoxa por completo, pero en esencia Hester pudo recibir perdón de Dios, aun cuando no de parte de sus conciudadanos. Ella recibió alivio en su corazón de su culpa y vergüenza aun cuando eran sus constantes compañeras en su sociedad. Al reverendo Dimmesdale la gente de su iglesia lo consideraba un santo porque parecía muy consciente de su indignidad. La verdad espiritual era que mientras predicaba y ministraba al pueblo semana tras semana, lo consumía la hipocresía, la vergüenza y la culpa debido a que no estaba perdonado. Sabía que su confesión a Dios era incompleta e insincera mientras no aceptara públicamente la responsabilidad por su pecado.

Roger Chillingworth se convirtió en un tipo del poder destructivo de la venganza y de las razones espirituales para dejarle sólo a Dios la rectificación de los males. Dimmesdale se derrumbó y murió por los efectos debilitantes de su culpa, pero Chillingworth continuó vivo, muerto en su alma, asesinado por su ponzoñosa idea de que cualquier cosa que hiciera una persona ofendida para vengarse está bien. Al final de la historia, sólo Hester Prynne queda libre y perdonada. La *A* en la pechera de su vestido, no significa nada, porque el perdón de Dios estaba en su corazón. Si Hester hubiera entonado un canto de arrepentimiento hubiera sido, como los de los Salmos, un canto más triste pero más sabio, que halló un gozo permanente en el Dios que nos da lo que jamás merecemos: perdón.

UN CANTO DE CULPA

La iglesia primitiva identificó los siete salmos que usted estudiará en esta lección como salmos penitenciales, para cantarse y leerse durante los cultos del miércoles de ceniza en preparación para la cuaresma.[1] Cinco de ellos son salmos davídicos, y tres se refieren al conflicto espiritual de David después de su adulterio con Betsabé. El Salmo 38 nos habla de la culpa que David cargó antes de confesar su pecado, el Salmo 51 registra su confesión y liberación de la culpa, y el Salmo 52 celebra la bendición del perdón. El tema de estos salmos forma las tres divisiones de esta lección.

Salmo 38

¿Por qué oraba David? (vv. 1,2) ¿Pedía él escapar de todas las consecuencias de su pecado?

¿Cuáles eran los síntomas físicos y emocionales de la aflicción de David causada por su pecado? (vv. 3-10)

FÍSICOS   EMOCIONALES

¿Cuáles fueron las respuestas de algunos de los que rodeaban a David a la aflicción que sufría debido a su pecado? (vv. 11,12)

¿Cuál fue la afligida respuesta de David a sus oponentes? (vv. 13,14)

¿Cuál era la esperanza de David en medio de su aflicción por sus pecados? (vv. 15,16)

¿Cómo resumió David, al hablar con el Señor, la situación que enfrentaba? (vv. 17-22)

Salmos 6 y 102

Usted ya ha estudiado, en la lección 4, los Salmos 6 y 102 como cantos de tristeza. La aflicción de estos poemas brota de una pesada carga de pecado sin confesar. Nótese la similitud entre el Salmo 6.1 y el Salmo 38.1.

¿Por qué una persona cargada con pecado oculto es susceptible de desarrollar enfermedades o síntomas físicos?

¿Qué hay respecto a la angustia de la culpa que le hace pensar a una persona acerca de la muerte?

¿Por qué el culpable a menudo no puede dormir?

¿Por qué la preocupación por la culpa hace a una persona estar consciente de sus enemigos y vulnerable a ellos?

UN CANTO DE CONFESIÓN

David no fue capaz de confesar y dejar a Dios su pecado de adulterio con Betsabé durante el tiempo cuando trataba de ocultarlo (2 S 11.6-27). Después de que Dios envió al profeta Natán a David para que le expusiera su pecado (2 S 12.1-15), este quedó libre para poner en el Señor la aplastante carga de su culpa.

Salmo 51

¿Qué quería David de Dios, y en qué se basaba para pedirlo? (vv. 1,2)

¿Qué hechos admitió David en su confesión? (vv. 3,6)

¿Qué cosas pidió David como pasos para restaurar su relación, rota por el pecado, con Dios? (vv. 7-11)

¿Qué le había ocurrido al rey Saúl, el predecesor de David, cuando Dios retiró de él su Espíritu? (1 S 16.14-23)

¿Qué cosas prometió David al Señor en respuesta al perdón del pecado? (vv. 12-17)

La ley no hacía provisión para sacrificio por el pecado intencional de David. ¿Cuál fue el único sacrificio significativo que podía ofrecerle a Dios? (vv. 16-17)

Cuando completó su confesión, ¿qué clase de oración pudo ofrecer David a Dios? (vv. 18,19)

Salmo 143

Este salmo de David refuerza la expectación confiada de perdón que expresó en el Salmo 51. También mira al Espíritu Santo como el que capacita para una vida de servicio renovado.

¿Qué punto doctrinal acerca del pecado le recordó David al Señor en el versículo 2?

¿Qué petición basó en esa verdad doctrinal?

En los versículos 3 y 4, David se refería a su enemigo humano, pero los enemigos espirituales laboran de la misma manera. ¿Cómo es que Satanás actúa en esta forma en la vida del cristiano?

¿Qué valor tiene recordar los días pasados de grata comunión con Dios en tiempos de arrepentimiento y confesión? (vv. 5,6)

El Salmo 143 concluye con una colección de oraciones que pudieran basarse en el recuerdo que David tuvo de días mejores en su caminar con el Señor. ¿Qué cosas le pidió David a Dios? (vv. 7-12)

v. 7

v. 8

v. 9

v. 10

v. 11

v. 12

¿Cuál es la relación entre el espíritu del pecado (v. 7) y el Espíritu de Dios (v. 10)?

UN CANTO DE PERDÓN

Después que David confesó su pecado de adulterio con Betsabé y la subsecuente complicidad en la muerte de su esposo (2 S 11.14-17), experimentó un sentimiento de perdón que fue positivamente eufórico comparado con la deprimente miseria de su período de culpa y vergüenza.

Salmo 32

¿Qué describe David como una bendición de Dios sobre el hombre? (vv. 1,2)

¿A qué conclusión llegó Pablo de este pasaje en su epístola a los Romanos? (Ro 4.5-8)

 RIQUEZA LITERARIA

Hay tres términos importantes en el Salmo 32.1 y 2 que expresan cómo trata Dios en su gracia con los pecados del creyente arrepentido. La primera palabra, que se traduce «perdonar» es *nasa'*. Su sentido es «levantar y acarrear». Los pecados así perdonados son removidos de la consideración de Dios. La segunda palabra, traducida «cubierto» es *casáj*, que significa «esconder» u «ocultar». Cuando David dejó de esconder su pecado (Sal 32.5) y lo confesó, entonces Dios lo escondió en su perdón.

La tercera palabra, que se traduce «imputar» es *jashab*. Imputar quiere decir emitir un juicio de que algo, en este caso el pecado, debe ser acreditado a alguien. En el Salmo 32 los pecados *no* son imputados. Una persona es bendecida cuando sus pecados no son cargados a su cuenta.

En contraste con la bendición de una persona cuyos pecados son perdonados, ¿cuál es la condición de la persona con pecados sin confesar? (vv. 3,4)

¿Cómo es el perdón una forma de protección de Dios? (vv. 6,7)

¿Qué consejo específico da el Señor acerca de la confesión y del perdón? ¿Por qué es tan adecuada su comparación con los animales? (vv. 8,9)

¿Acerca de qué puede exclamar el hombre perdonado? (vv. 10,11)

Salmo 130

Este séptimo salmo penitencial es otro de los cantos de aflicción estudiados en la lección 4. Allí usted contempló el conflicto interno del salmista que había sentido como si estuviera ahogándose en un mar de iniquidad. El tono general de este salmo, sin embargo, no es de desesperación. El talante queda enunciado por la observación del amanecer en los versículos 5 y 6 y declarado en los versículos 7 y 8.

Cada línea del versículo 7 contiene un paso que se aleja de la desesperación del pecado. ¿Cuáles son esos pasos, y qué significan?

PASO   SIGNIFICADO

RIQUEZA LITERARIA

«Redención» traduce el nombre hebreo *pedut*. La idea de rescate yace en la familia de palabras a la que pertenece *pedut*. Siempre hay un precio que hay que pagar por el pecado para conseguir perdón. Es parte de la misericordia de Dios que ya ha provisto el pago.

FE VIVA

¿Ha tenido, alguna vez, un encuentro con la verdadera culpa, como resultado de pensamientos o conducta pecaminosa (no la falsa clase producida por el perfeccionismo), que le haya causado aflicción emocional o física? Si es así, descríbalo aquí, no lo converse con nadie; explore su significado en su vida espiritual.

¿Cómo llegó a darse cuenta, en definitiva, de que tenía que confesar ese pecado, y cómo lo confesó en privado y/o en público?

Al pensar acerca de la situación, ¿hay algunas partes de su pecado que jamás ha confesado o que todavía están ocultas pero que deberían ser reveladas? (La confesión no debe ser más pública que la ofensa.)

Si hay algo más que debe ser confesado respecto a este pecado, ¿cómo podría hacerlo?

¿Qué acto de confesión de pecado le trajo el mayor gozo en el Señor? ¿Fue en el momento de su salvación o en alguna ocasión siguiente a un punto culminante de su vida espiritual? Describa su gozo de confesión.

El Espíritu Santo mora en los cristianos, pero ¿qué le hace el pecado a nuestra relación con Él? (Ef 4.30; 1 Ts 5.19)

¿De qué verdades espirituales puede hablar con más comprensión como consecuencia de haber experimentado el perdón de pecados, por la gracia de Dios, en el curso de su vida cristiana?

1. Willem A. VanGemeren, «Psalms», *The Expositor's Bible* [«Salmos», La Biblia del predicador], Zondervan Publishing House, Grand Rapids, MI, 1991, 5:96.

Lección 12 / Un canto de salvación

El 30 de marzo de 1991, Emily Davis Mobley y otros cincuenta y cinco entusiastas exploradores entraron en la Cueva Lechugilla en el Parque Nacional Carlsbad Caverns en una expedición cartográfica. Lechuguilla había sido descubierta en 1986 y, bajo la estricta supervisión del Servicio de Parques Nacionales, a la fecha ya se había cartografiado alrededor de noventa kilómetros de pasajes que llegaban a una profundidad de quinientos metros. Sólo espeleólogos como Emily, veterana de veinte y dos años de experiencia, podían tener acceso a la cueva.

El domingo Emily estaba cartografiando la profundidad de un barranco a varios kilómetros de la entrada y a cientos de metros bajo la superficie, cuando un peñasco se desprendió de uno de los costados de un paredón y cayó destrozándole la pierna izquierda. Entre Emily y el mundo exterior había un empinado y escabroso ascenso entre obstáculos de barreras, de más de treinta metros de altura, y tramos de pasajes tan estrechos que los exploradores tenían que arrastrarse para recorrerlos. Emily no podía ni moverse.

Los preparativos de emergencia es parte de toda buena expedición para explorar cavernas, de modo que el rescate estaba en marcha incluso antes de que el polvo se asentara. Un médico de la expedición inmovilizó la destrozada pierna y ató a Emily a una camilla. De todas partes de los Estados Unidos amigos de Emily acudieron para formar cuadrillas de rescate que se turnaban cada pocas horas para cargarla, arrastrarla y sacarla segura.

En ocasiones, colgaba verticalmente en sogas mientras que su peso oprimía su pierna lesionada. Otras veces tuvieron que pasarla arrastrándola por pasajes estrechos sobre las espaldas de los ayudantes en cuclillas o arrodillados. Otras, tuvieron que empujarla por hectáreas de gigantescos peñascos.

Antes del amanecer del jueves, noventa y seis horas de labor de rescate, el equipo le dijo a Emily que se acercaban a la boca de la cueva. El peligro había pasado. A pesar del dolor de su lesión y de la frustración de haber estado inmovilizada por días, ella empezó a cantar «¿Han salido las estrellas esta noche?»

Las estrellas habían salido para recibir a Emily en esa madrugada en el desierto. Más tarde los médicos en el Centro Médico Guadalupe de Carlsbad, Nuevo México, le pusieron un perno en la parte superior de su pantorrilla. Emily había regresado de las profundidades.

Cuando los salmistas clamaron a Dios pidiendo liberación, ellos, también, clamaron desde las profundidades del peligro, la desesperación o la culpa. Creyeron que la salvación que Dios daba en respuesta a sus ruegos no era menos espectacular que lo que el rescate de Emily nos parece.

CANTOS DE PELIGRO

Entre los salmos que usted estudiará y que celebran la liberación que Dios provee hay dos que se concentran en la necesidad de salvación. Los salmistas acudían al Señor debido al peligro físico que representaban sus enemigos, o la enfermedad, o debido al peligro espiritual que representaban el pecado.

Salmo 69

¿Qué expresan las imágenes de los versículos 1-3 respecto a los problemas que David estaba enfrentando?

IMAGEN	SIGNIFICADO
Agua hasta el cuello	
Cieno profundo	
Inundación	
Garganta seca	

Ojos desfallecidos

¿Qué representan la inundación y las corrientes de aguas?
(v. 4)

¿Qué pedía David además de la liberación de sus enemigos?

v. 5

v. 6

¿De cuáles actividades espirituales de David se burlaban sus enemigos? (vv. 7-12)

¿En qué forma los pecados de David (v. 5) le expusieron a él y a otros a la burla? (vv. 6-12)

¿Cómo amplió David el principio de su oración por liberación? (vv. 13-21)

¿Qué pidió David respecto a sus enemigos que estaban mofándose de Dios? (vv. 22-28)

ENTRE BASTIDORES

Diecisiete de los salmos contienen oraciones que expresan aborrecimiento contra los enemigos del salmista y petición de juicio de Dios sobre ellos. Se les llama salmos imprecatorios, debido a que *imprecación* es una palabra elegante para «suplicar venganza». Los salmistas escribieron estas oraciones por inspiración del Espíritu Santo. Su perspectiva espiritual estaba tan en línea con Dios en esos momentos que sus oraciones expresan el aborrecimiento justo de Dios al pecado antes que las vendetas privadas y completamente falibles de los salmistas.

De estos salmos imprecatorios podemos aprender que Dios detesta el mal y que juzga a los que hacen mal. Podemos incluso aprender que Él nos oye cuando expresamos nuestra ira y frustración contra las personas que nos desagradan, pero siempre nos señala el regreso al mandamiento de Jesús de amar a nuestro prójimo (Mt 5.43-48)

¿Cuál fue el voto de David a Dios en respuesta a la salvación? (vv. 29-33)

¿A quiénes acude David para que alaben al Señor por su salvación? (vv. 34-36)

Salmo 71

Este salmo anónimo es un canto de los peligros de la edad avanzada. Incluso el creyente que ha confiado en el Señor desde su niñez enfrenta problemas únicos en los años de la ancianidad.

¿Cuál es la confianza del anciano salmista? (vv. 1-3)

¿Por qué el anciano salmista tenía confianza al orar por liberación? (vv. 4-6)

¿De qué tenía temor el salmista? (vv. 7,9-13)

¿Qué quería el salmista en lugar de sus temores? (vv. 8,14-18)

¿Qué ventaja le daba al salmista su avanzada edad al enfrentar los peligros propios de ella? (vv. 19-21)

¿Qué le prometió el anciano salmista al Señor? (vv. 22-24)

 FE VIVA

¿Cómo podría percatarse mejor de las lecciones de fe que usted puede aprender de los santos de más edad en su iglesia?

¿Cómo podría su iglesia dar a los santos ancianos más oportunidades para expresar lo que el Señor ha hecho por ellos, de modo que los adultos más jóvenes puedan beneficiarse de su sabiduría?

¿Cómo podría estimular la fe de algún santo mayor que tal vez esté batallando con las limitaciones del envejecimiento?

¿A quiénes podría estimular de esta manera?

¿Cuándo podría ofrecer este estímulo?

CANTO DE CONFIANZA

Los próximos dos cantos de salvación expresan la confianza en el Señor para librar del tipo de peligros de los que se lamentaban en la sección previa a esta lección.

Salmo 17

¿Cómo describe David su oración? (v. 1)

¿Por qué David creía que el Señor le vindicaría? (vv. 2-5)

Puesto que es claro en otros salmos que David cometió pecados serios, ¿cómo puede él, o cualquier otro pecador, aducir lo que afirma en los versículos 2-5?

En la oración de David pidiendo protección (vv. 6-9), ¿cómo pueden las dos imágenes en el versículo 8 establecer su confianza respecto a la respuesta del Señor?

¿A qué asemeja David a sus enemigos, y cómo encajan ellos en esta descripción? (vv. 10-12)

¿Qué destino contrastante desea David para sus enemigos y para sí mismo? (vv. 13,15)

 ## INFORMACIÓN ADICIONAL

El Salmo 17.14 es difícil de traducir e interpretar. Algunos afirman que el texto hebreo ha sufrido una confusión en su transmisión a través de los siglos y hacen ligeros ajustes para que el versículo 14 se refiera al justo antes que a los malos. Si el texto es correcto, David les recordaba a sus lectores que el malo, incluso bajo juicio, puede prosperar materialmente, pasar a sus hijos sus ganancias mal habidas, y estar satisfecho consigo mismo.

Esta vanidosa satisfacción propia es parte del juicio de Dios. Cualquier persona rica que se cree autosuficiente y segura en su herencia familiar es necia y se engaña a sí misma.

Sólo están a un paso de distancia de la aniquilación, pero no pueden verlo.[1] Véase en el Salmo 49 una discusión completa de este asunto por parte de los hijos de Coré.

Salmo 85

Este canto de salvación siguió a un tiempo de cautividad (v. 1). Quizás uno de los descendiente de Coré escribió esto después del cautiverio babilónico cuando los sobrevivientes del exilio veían al Señor para que restaurara a Jerusalén y a Judá a la prominencia política. Este salmista sabía que había sólo un poder en el cual confiar para una nación restaurada.

¿Qué había hecho el Señor recientemente que le daba al salmista la confianza para orar a Él? (vv. 1-3)

Basado en la reciente bendición del Señor, ¿qué pidió allí mismo el salmista? (vv. 4-7)

¿Qué respuestas a sus oraciones esperaba el salmista con confianza? (vv. 8,9)

¿Qué hay respecto al carácter de Dios que garantiza la vindicación final de su pueblo? (v. 10)

¿Qué ha tenido siempre el pueblo de Dios que mirar como base para su esperanza? (vv. 11-13)

CANTO DE VICTORIA

Estos dos salmos celebran la salvación de Dios por la cual se suplicaba en los cantos de peligro, y se esperaba en los cantos de confianza. La salvación tratada en estos salmos es la liberación del peligro físico, pero los Salmos 34 y 118 contienen predicciones mesiánicas que relacionan la salvación física de Dios con su salvación del pecado. Dios es un Salvador de todo lo que amenaza a su pueblo.

Salmo 34

El Salmo 34 es el más exuberante de los salmos que David escribió durante el tiempo en que fue perseguido por el rey Saúl (véase ENTRE BASTIDORES, lección 6, p. 85). Es otro salmo alfabético o acróstico (véase ENTRE BASTIDORES, lección 1, p. 19).

¿Cómo elaboró David su invitación de «bendecir a Jehová en todo tiempo»? (vv. 1-3)

¿Qué testificó David que ocurre cuando el necesitado clama al Señor pidiendo liberación? (vv. 4-7)

En los versículos 8-14, ¿qué ideas incluyó David como partes de su temor al Señor?

¿Por qué puede el justo clamar salvación con confianza? (vv. 15-17)

¿Qué hay acerca del justo a lo cual el Señor responde? (vv. 18-22)

Salmo 118

Este canto anónimo de salvación ha sido usado a través de la historia en la adoración judía, durante la fiesta de la Pascua y el culto en la Fiesta de los Tabernáculos.[2]

¿Por qué abundante y clara razón pidió el salmista a sus lectores que den gracias a Dios? (vv. 1-4,29)

¿Qué efecto logró el salmista por la repetición de sus llamados a Israel, la casa de Aarón, y todos los que temen al Señor para agradecer a Dios? (vv. 2-4)

¿Cuáles fueron los resultados de la salvación del Señor al salmista? (vv. 5-7)

¿A qué conclusión llegó el salmista debido a la salvación del Señor? (vv. 8,9)

¿Qué ocurrió a los que atacaron al salmista? (vv. 10-14)

Los versículos 15-29 concluyen el Salmo 118 con un himno de alabanza por la salvación del Señor. ¿En qué cree que contribuyen, cada una de las imágenes siguientes, a la descripción que el salmista hace de la salvación del Señor?

La diestra de Jehová (vv. 15,16)

Puertas (vv. 19,20)

La piedra (v. 22)

Luz (v. 27)

El sacrificio atado al altar (v. 27)

 FE VIVA

¿Cuándo y cómo le ha librado el Señor de peligros a su vida física?

¿En qué peligros presentes y eternos se hallaba usted cuando clamó al Señor pidiendo salvación de sus pecados?

¿Qué acontecimientos y promesas bíblicas le han dado certeza de que puede confiar en el Señor para liberación diaria y salvación eterna?

Escoja el versículo de los Salmos 34 y 118 que mejor capte sus actitudes hacia el Señor como su Salvador, y escríbalo aquí como una expresión de alabanza.

1. Franz Delitszch, *Biblical Commentary on Psalms* [Comentario Bíblico de Salmos], William B. Eerdmans Publishing Company, Grand Rapids, MI, 1968, I:242, 243.

2. Willem A. VanGemeren, «Psalms» [Salmos], *The Expositor's Bible*, Zondervan Publishing House, Grand Rapids, MI, 1991, 5:96.

Lección 13 / *Un canto de testimonio*

Pese a la opinión personal respecto al individuo, uno de los rasgos interesantes de la quijotesca candidatura de Ross Perot a la presidencia de los Estados Unidos en 1992 fue su uso de testimonios en sus prolongados documentales publicitarios. Más que presentar declaraciones generales en cuanto a su carácter o cualidades para la posición, el señor Perot presentaba a personas que relataban lo que él había hecho por ellas.

La esposa de un prisionero de guerra de Vietnam relató cómo los oficiales del gobierno le habían dado rodeos antes de decirle que no se podía hacer nada. Una llamada telefónica a Ross Perot desató un torbellino de actividad de parte del negociante tejano, que resultó en la liberación de algunos prisioneros, incluyendo el esposo de la narradora. El ex prisionero de guerra se unió a su esposa en ese punto, y relataba cómo el tratamiento de parte de sus captores mejoró desde el momento en que el señor Perot empezó a intervenir.

El propietario de un pequeño negocio contó cómo las autoridades locales no quería reparar una calle destruida por las lluvias, para prevenir el fracaso de los negocios del área. Dijo también que otra llamada telefónica puso a trabajar las habilidades de Ross Perot para resolver problemas. El papeleo fue eliminado soslayando a los burócratas, y a los pocos meses la calle fue abierta de nuevo.

Una tercera persona dijo que su hijo sufrió lesiones en un accidente. No había disponible el equipo médico necesario para salvarle la vida. Entró Ross Perot con sus helicópteros, y el joven se salvó, e incluso asistió a la boda del joven.

Un testigo personal es un instrumento poderoso, persuasivo. Por eso fue que este político escogió usarlo en su campaña, así como otros lo han hecho. Un testigo es una manera de tocar tanto el corazón como la cabeza. Por eso es que el Señor inspiró a los salmistas a dar testimonio de la fidelidad que Él les manifestó a ellos individualmente y a su pueblo como nación. Es por eso que los cristianos todavía necesitan testificar de lo que Dios ha hecho por ellos. El corazón a menudo debe dirigir a la cabeza hacia Dios.

UN TESTIMONIO DEL CARÁCTER DE DIOS

Los primeros tres cantos de testimonio en esta lección son salmos de David que se regocija en las cualidades que Dios muestra al tratar en su gracia con sus hijos.

Salmo 63

Este salmo fue escrito cuando David era rey (v. 11) y cuando estaba alejado del santuario del Señor (v. 2). De acuerdo al subtítulo del salmo David se hallaba «en el desierto de Judá», lo cual puede referirse al tiempo cuando se vio obligado a huir de Jerusalén debido a la rebelión de su hijo Absalón (2 S 15.13-17). A pesar de esas circunstancias David testificó de la grandeza del Señor.

¿Cuándo se halló David meditando sobre el carácter de Dios? (vv. 1,6)

¿Cómo describe David su anhelo por Dios? (vv. 1,7,8)

¿Qué cualidades del carácter de Dios satisficieron la meditación de David cuando estaba alejado del santuario? (vv. 2,3,7,8,11)

Cuando David reflexionó sobre el carácter de Dios, ¿de qué se dio cuenta respecto a sus enemigos? (vv. 9,10)

Salmo 103

Este himno de alabanza es uno de los más lindos cantos de David que testifican de la misericordia de Dios.

¿A quién pide David que bendigan al Señor? (vv. 1,2,20-22)

¿Qué quería David que su alma recordara respecto al Señor? (vv. 2-5)

 ## ENTRE BASTIDORES

Beneficios sanadores y salvadores (Sal 103.3). Esta es una promesa definitiva de sanidad corporal, basada en el carácter de Jehová como el Sanador. La sanidad que aquí se promete incluye específicamente la recuperación física. El texto refuerza el pacto de sanidad, ya que la palabra hebrea para «dolencias» viene de la misma raíz de la cual procede la palabra «enfermedad» en Éxodo 15.26. Además, las palabras que se traducen «sanar» son las mismas en ambos pasajes, cuyo significado particular encierra la idea de enmendar o curar.

Ambos versículos testifican, desde el Antiguo Testamento, que el Señor no sólo perdona iniquidades; también sana nuestras dolencias. Si bajo el pacto anterior la sanidad corporal fue incluida juntamente con los otros beneficios divinos, podemos descansar y regocijarnos en fe. La «gloria» del nuevo pacto excede por completo la del antiguo, y debemos tener la certeza de que Dios, en Cristo, ha hecho suficiente provisión para nuestro bienestar.[1]

¿Cómo muestra el Señor su misericordia a su pueblo? (vv. 6-14)

¿Cuán grande es la misericordia del Señor? (vv. 11-14)

¿A quién muestra el Señor misericordia? (vv. 17,18)

¿Por qué la gente necesita tanto la misericordia del Señor? (vv. 13-16)

Salmo 145

Este es el último de los salmos alfabéticos de David (véase EN-TRE BASTIDORES, lección 1, página 19). Los atributos y acciones de Dios son los temas del canto de testimonio de David. Subraye en su Biblia, en el Salmo 145, cada vez que ocurran expresiones de adoración como: «exaltar», «bendecir», «alabar», «declarar», «meditar», «hablar de», «proclamar», «contar» y «anunciar». ¿Cuánto del salmo consiste en una promesa de testificar del Señor?

¿Qué es lo que David deseaba exaltar del Señor en los siguientes versículos?

v. 2

v. 3

v. 4

v. 5

v. 6

v. 7

v. 8

v. 9

v. 10

v. 11

v. 12

v. 13

¿Cómo responde el Señor al necesitado que invoca su nombre? (vv. 14-20)

UN TESTIMONIO POR MI VIDA

Estos dos salmos recuentan experiencias personales y cotidianas del salmista o del pueblo. Ellos testifican de la bondad amorosa y diaria del Señor.

Salmo 124

Este canto de testimonio de David es una expresión de la nación de Israel respecto a cómo el Señor los ha librado del cruel ataque del pueblo enemigo. Por siglos después de que David lo escribió, los peregrinos que se encaminaban a Jerusalén para participar en los principales festivales religiosos entonaban este salmo como preparación para la adoración.

¿Qué le habría ocurrido a Israel si el Señor no hubiera estado de su lado? (vv. 1-5)

¿Cuáles imágenes de derrota usa David en su poema, y qué aspecto del sufrimiento contiene cada ilustración? (vv. 3-7)

¿Cómo ayuda la imagen del lazo roto y el ave que escapa a que el lector se prepare para concordar con las declaraciones de alabanza de los versículos 6 y 8?

Salmo 139

Este canto de testimonio es el salmo más personal, en intensidad, de David. En él David reveló cómo pensó acerca de Dios, cómo confió en que el Señor le cuidaría, y cómo oraba a Él en privado.

¿Qué sabía la omnisciencia (todo conocimiento) de Dios respecto a David? (vv. 2-4)

¿Qué beneficio recibió David basado en el examen omnisciente que Dios había hecho en su vida? (v. 5)

¿A qué conclusión arribó David debido a la omnipresencia (su presencia en todo lugar) de Dios? (vv. 7,8)

¿Qué beneficios comprendió David como suyos debido a la omnipresencia de Dios? (vv. 9-12)

¿Cómo comprendió David la intervención del Señor en su vida antes de su nacimiento? (vv. 13-16)

¿Cómo valoraba David sus pensamientos cotidianos acerca de Dios? (vv. 17,18)

En contraste con sus pensamientos acerca de Dios (vv. 17, 18), ¿cuáles eran los pensamientos de David respecto a los impíos? (vv. 19-22)

¿Qué quería David que resultara del tiempo que pasaba disfrutando la grandeza y la bondad de Dios? (vv. 23,24)

UN TESTIMONIO DE LA HISTORIA

Los dos cantos de testimonio en esta sección registran aspectos de la historia de Israel a los cuales la nación miraba como recordatorios de la justicia y misericordia del Señor. Los observará en el orden de su importancia histórica antes que en la secuencia numérica de los salmos.

Salmo 105

Este canto testifica del establecimiento del pacto de Dios con la nación de Israel. Aun cuando es anónimo, los primeros quince versículos se atribuyen a David, en el tiempo cuando hizo traer el arca del pacto a Jerusalén (1 Cr 16.8-22)

¿Qué pide el salmista en los primeros cinco versículos que haga Israel?

¿Cuáles etiquetas ancestrales usó el salmista para identificar a Israel? (v. 6)

Subraye en su Biblia todas las referencias a Abraham y a Jacob en el Salmo 105. Luego trace un círculo alrededor de todas las veces que aparecen las palabras «pacto», «juramento» y «herencia». ¿Qué aspecto de la historia de Israel se nota en los versículos 9-12?

¿Qué aspecto de la historia del pacto se nota en los versículos 42-45?

El Salmo 105.16-22 resume los sucesos de Génesis 37—41. ¿Cuáles son ellos?

El Salmo 105.23-25 sintetiza los acontecimientos de Génesis 42 a Éxodo 1. ¿Qué ocurrió?

El Salmo 105.26-36 abrevia los hechos de Éxodo 2.1—12.30. ¿Cuáles fueron?

El Salmo 105.37-41 resume los sucesos de Éxodo 12.31—17.7. ¿Qué ocurrió allí?

El versículo 8 resume la actividad del Señor de la que este canto testifica. Cópiela en el espacio provisto.

Salmo 68

Este canto de testimonio de David habla de la actividad del Señor en la historia de Israel desde el Éxodo hasta el tiempo de David, y luego mira al futuro cuando el Señor reinará sobre toda la tierra.

¿Qué acciones pide David al Señor que tome en los versículos 1, 2?

¿Qué es lo correcto hacer en la esperanza de estas acciones? (vv. 3,4)

 FE VIVA

JAH (Sal 68.4) es una breve forma poética de *Yavé*, el nombre de Dios que usualmente aparece en español como «Jehová». Los hebreos nunca pronunciaban el nombre *Yavé*. Consideraban el nombre demasiado santo para los labios humanos, de modo que decían «mi Señor», *Adonái*, cada vez que se cruzaban con *Yavé* en las Escrituras.

A través de los siglos los judíos empezaron a escribir las vocales de *Adonái* debajo de las consonantes de Yavé, como un recordatorio para decir *Adonái*. Los primeros eruditos cristianos que estudiaron el hebreo en la Edad Media no sabían esto, de modo que pronunciaba las consonantes de un nombre con las vocales de otro, y así resultó la palabra Jehová. *JAH* sobrevive en el español como la sílaba final de la exclamación de alabanza «¡Aleluya!» Este es el mandato hebreo «Alabad a JAH», o «Alabado sea el SEÑOR».

¿Qué cosa en el carácter de Dios le ha hecho actuar a favor de su pueblo? (vv. 5,6,19,20)

¿Cómo era JAH cuando sacó a Israel de Egipto y a través del desierto? (vv. 7-10)

¿Cómo era JAH cuando guió a Israel en la conquista de la tierra prometida? (vv. 11-14)

JAH escogió a Jerusalén, o Sion, como su monte. ¿Con qué propósitos lo escogió? (vv. 15-18,21-23)

¿Cómo fue la procesión cuando David trajo el arca de Dios a Jerusalén? (vv. 24-27)

¿Qué esperaba David que sucediera en el futuro cuando el reino de Dios se extendiera sobre toda la tierra? (vv. 28-31)

¿Qué invitó David a los reinos de la tierra a cantar como un testimonio respecto al Señor? (vv. 32-35)

 FE VIVA

Al reflexionar en retrospectiva en este estudio de los Salmos, ¿cuáles atributos de Dios le ha hecho notar el Espíritu de Dios como temas que debería tratar al testificar de Él?

¿Qué está el Señor haciendo en su vida que debería llegar a formar parte de su testimonio por Él?

¿Qué ha hecho el Señor en el pasado por usted, por su familia, y por su iglesia, que puede ser parte de su testimonio respecto al carácter y fidelidad de Dios?

Use el Salmo 124 como modelo y escriba un breve canto de testimonio acerca de la fidelidad de Dios para con usted.

¿Cuál ha sido la visión espiritual más importante que Dios le ha mostrado de su Palabra durante este estudio de los Salmos?

¿Cuáles modelos de adoración y alabanza puede adoptar de los Salmos en su adoración privada y pública para enriquecer su comunión con el Señor?

1. «Dinámica del Reino: Beneficios sanadores y salvadores», *Biblia Plenitud*, Editorial Caribe, Miami, FL, 1994, p. 723.